最強のポートフォリオをつくる 金投資入門

菊地温以 KIKUCHI Atsuyuki
株式会社アプレ代表取締役

Introduction to Gold Investing

日本実業出版社

はじめに

金（ゴールド）は、世界中で「普遍的な価値」を持つ資産として知られています。その価値の源泉は、希少性や耐久性、美しさなど、金が持つ物質的な特性にくわえ、古代から続く歴史的な信頼にあります。

本書は、**金を資産として扱う際の基礎知識から、実際の購入方法、売却タイミング、さらにはリスク管理まで、初心者から経験者まで役立つ内容を網羅**した1冊です。

金は、経済の安定が揺らぐ時代においても信頼できる「安全資産」として高い評価を受けています。株式市場の変動や地政学的リスク、インフレーション（インフレ）などが影響するなかで、金はほかの資産と異なる独自の価格変動を示しやすく、投資家にとって貴重な存在です。

本書では、まず金の価格がどのように決まるのか、その基本的なメカニズムをくわしく解説しています。金の価格は、需給のバランスや為替レート、さらには国際情勢や経済政策など、さまざまな要因によって影響を受けます。これらの要因を正しく理解できれば、金価格の変動に対する冷静な判断力が養われ、投資のタイミングを見極めやすくなります。

また、購入の際のポイントとして、本書は長期的な資産保全を主な目的に据え、金の「現物」保有を重視しています。投資信託やETFといった金融商品の活用も紹介しますが、現物資産として金を保有することの利点を強調し、資産全体の安定性を高めるアプローチを推奨しています。金の売却についても、相場に左右されることなく必要なときに必要なぶんだけを売却するスタイルが最も効果的と考えています。これは、金が経済の不安定時にその真価を発揮する「保険」としての役割を持つためです。

本書が目指すのは、金投資を通じて資産保全とリスク分散を図ることができるよう、具体的で実践的な知識を提供することです。金投資は短期的な利益追求ではなく、長期的な安定性を求める人々にとって理想的な選択肢です。この1冊が、読者のみなさまが、金の価値と可能性を理解する一助となり、資産運用に役立てていただけることを願っています。

第3章 これだけは知りたい「金投資」の基本

第4章 金の「買い方」の基本

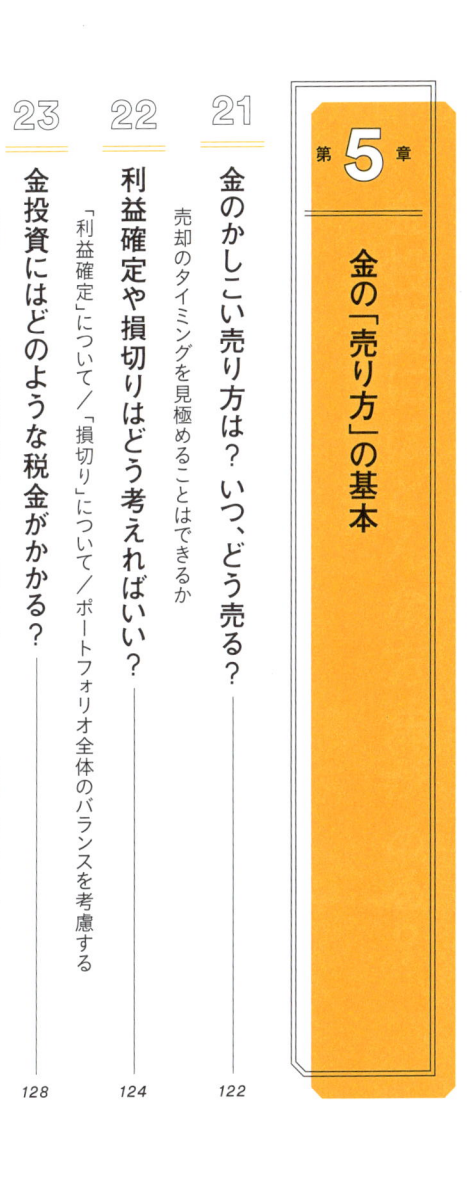

第5章

金の「売り方」の基本

第6章 金の価格はどうやって決まる？

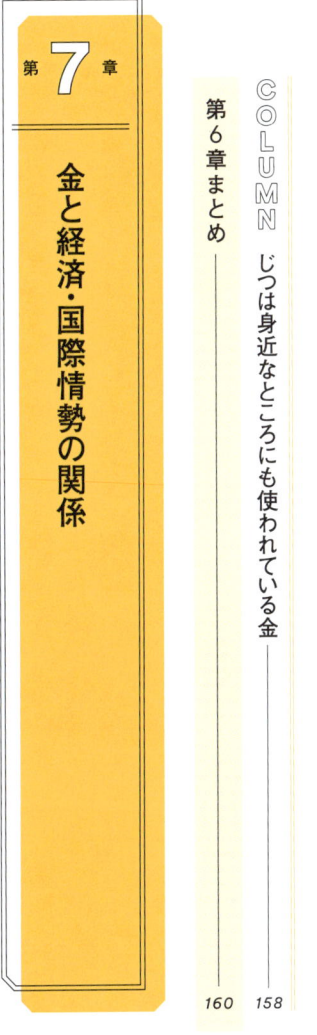

ブックデザイン：三森健太（ＪＵＮＧＬＥ）
ＤＴＰ：一企画

第1章

なぜいま金投資なのか？

01

新NISAだけじゃだめですか？

現代の経済は不安定でリスクが高い

現代の経済状況は不安定さを増しており、多くの人々にとって予測が難しくなっています。株式市場の急激な変動や通貨価値の下落は、日々のニュースで報じられるだけでなく、私たちの生活や将来に深い影響を与えかねません。こうした状況を把握するために、まずはアメリカの代表的な株価指標の一つである**S&P500指数**を軸に、直近の世界経済の動きを振り返ってみましょう。

2020年、新型コロナウイルス（COVID-19）感染症のパンデミックが世界を席巻し、各国の経済活動は大きな混乱に見舞われました。ロックダウンや移動制限による企業活動の停滞は、株式市場にも大きな打撃を与え、アメリカのS&P500指数

S&P500チャート

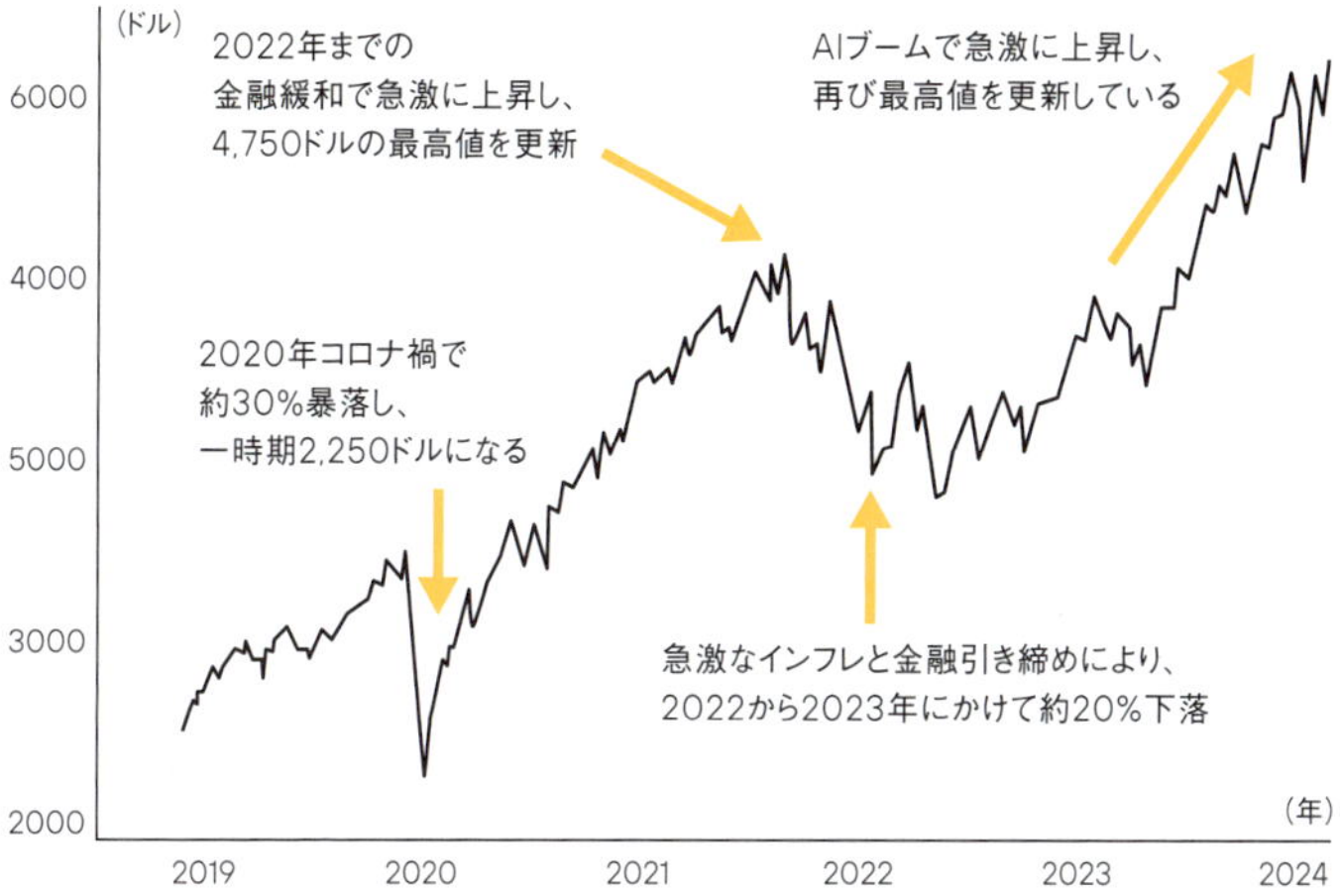
（ドル）
6000
4000
5000
3000
2000
2022年までの
金融緩和で急激に上昇し、
4,750ドルの最高値を更新
AIブームで急激に上昇し、
再び最高値を更新している
2020年コロナ禍で
約30%暴落し、
一時期2,250ドルになる
急激なインフレと金融引き締めにより、
2022から2023年にかけて約20%下落
（年）
2019
2020
2021
2022
2023
2024

は約30%も急落。この出来事は、世界経済全体に深刻な影響を及ぼしました。

しかし、その後、各国政府や中央銀行が金融緩和策や経済刺激策を相次いで導入したことで、株式市場は急速に回復しています。とくにアメリカの連邦準備制度理事会（FRB）が金利を引き下げ、資産買い入れプログラムを拡大したことで、2020年後半から2022年にかけてS&P500指数は歴史的な高値を更新しました。

それでも、2022年には新たな局面を迎えます。インフレ（物価上昇）の急激な進行とそれに伴う金利の引き上げにより、企業の借り入れコストが増加。将来の利益が圧迫されるという懸念から、多くの投資家が株式を売却しました。その結果、2022年前半にはS&P500指数が約20%下落し、さらに、ロシアによるウクライナ侵攻や米中貿易摩擦といった地政学的リスクが重なり、投資家の間で不安が広がりました。

一方、2023年に入ると、エヌビディアをはじめとする人工知能(AI)ブームが巻き起こり、市場は再び活気を取り戻しました。S&P500指数は再び記録的な高値を更新し、経済は新たな成長の兆しを見せています。

このように、2020年から2023年のわずか3年間で、世界の経済は大きく揺れ動きました。この期間だけを見ても、現代の経済がいかに不安定で変動の激しいものであるかがご理解いただけるでしょう。

不安定で先行きが不透明な現代の経済環境において、資産を特定の資産クラス(資産として保有する商品の種類)に集中させることは非常にリスクが高く、危険です。極端な例として、すべての資産を米国株式に投資している場合、先述のようなさまざまなイベントが発生するたびに、資産価値が一瞬で20%から30%、場合によってはそれ以上失われる可能性がつねにある、ということになります。

資産に「金」を組み入れリスク分散を強化する

NISA(少額投資非課税制度)は、株式や投資信託などに投資して得られた利益に対する非課税のメリットを享受できる制度です。この制度を活用すれば、投資家は非課税で長期的な資産形成ができます。たとえば分散型の投資信託商品を定期的に積立投資することで、急激な市場の変動に対する一定のリスク回避になることは間違いありません。2024年の新制度移行でさらに使いやすくなりました。

しかし、NISAを利用することと、本書で提案する「最強のポートフォリオを構築する」という目標は、別の視点から捉える必要があります。NISA制度は投資の「ツール(手段)」として十分に活用するべきですが、さらに重要なのは、**保有する資産の配分を見直し、不安定な経済状況においても資産全体の価値損失リスクを最小限に抑えられる、すなわちリスクに強い資産ポートフォリオを構築する**ことです。

前置きが長くなりましたが、本書が「最強の資産ポートフォリオをつくる」ために

ポーフォトリオの例

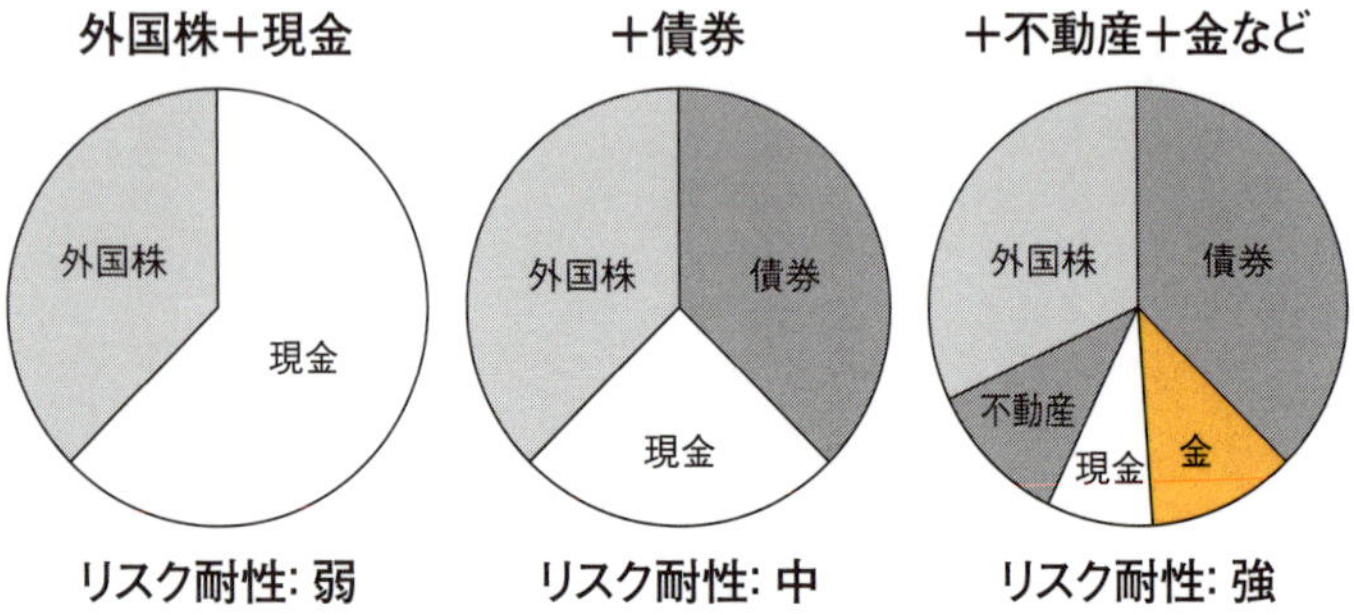

資産に金をくわえて、リスクに強い「最強のポートフォリオ」をつくる

推奨するのは、**資産に金（ゴールド）を組み入れ、ポートフォリオ全体の長期的なリスク分散を強化する**ことです。詳細は後述しますが、金には、ほかの資産クラスにはない独自の経済的特性や価格変動の特徴があります。とくに、**金の最大の魅力は、株式やそのほかの投資商品とは異なり、経済が不安定な時期に「安全な避難所」として機能する点**にあります。

さらに、金投資の信頼性は、世界的な視点からも明らかです。多くの国や中央銀行が金を重要な財政安定の手段として保有している現状からも、金の価値が伺えます。国家レベルで重視されていることとは、個人投資家にとっても金投資がいかに価値ある選択肢であるかを示しているといえるでしょう。

ＮＩＳＡの活用を含む株式やそのほかの投資手段と並行して金投資を行うことで、より安定した資産形成を目指せます。**金投資は、不確実性の高い時代において資産を保全するための重要な手段であり、投資ポートフォリオにおいて欠かせない要素**となるでしょう。本書では、このような観点から、金投資の魅力とその具体的な方法についてくわしくご紹介します。

02 ほかの資産運用にない金の魅力は？

金は、経済が不安定なときにこそ、その真価を発揮する「安全資産（セーフヘブン）」として広く知られています。株式や債券が市場の変動に左右されるなかでも、金はその価値を維持しやすく、資産の避難先として多くの人々に認識されています。

では、金に対するこのような信頼や安心はどこから来るのでしょうか。たしかに、歴史的に金の価値が上昇し続けていることが、投資家に強い信頼を与えていますが、その根底には、金自体の特性とその持つ独自の魅力が大きく関係しています。

国境を越えても価値を損なわない安心感

金の魅力の一つは、ほかの多くの資産とは異なり、価値が特定の国や地域に依存しないことです。たとえば、株式や債券は発行元の国の経済状況や政策に大きく左右されます。経済が安定している国の資産であっても、政権交代や金融政策の変化、国際的な緊張の高まりによって、その価値が大きく揺らぐ可能性があります。

一方で、金は「**無国籍資産**」として、こうした国や地域特有のリスクからある程度独立しています。金の価値は、どの国でも基本的に共通して認められ、世界中で通用します。つまり、**どの国の通貨が価値を下げても、金はその影響を受けにくい**のです。

さらに、金は世界中の市場で広く取引されているため、どの国に住んでいても、その価値をほかの通貨や商品に容易に交換できます。たとえば、ある国で経済危機が発生し、その国の資産価値が急落した場合でも、金を保有していれば、他地域での価値を保ったまま取引できるのです。

世界中でいつでも現金化できる流動性の高さ

金のもう一つの大きな魅力は、その「**高い流動性**」にあります。流動性とは、資産を現金に変換する容易さのことです。金には非常に高い流動性があるため、必要なときに即座に現金化できます。

たとえば、不動産や一部の株式は、市場状況や売却条件によってはすぐに売却できない場合があります。とくに不動産は、買い手が見つからないことも多く、売却に時間や手間がかかることが一般的です。株式でも、企業の業績悪化や市場全体の不安定さによって、希望する価格で売却できない場合があります。

これに対して、金は世界中で広く取引されており、買い手を見つけるのが非常に容易です。国際的な市場でつねに需要があり、価格もリアルタイムで決定されるため、どの国でも迅速に売買できます。たとえば、**日本やアメリカ、そのほかの国に住んでいても、金を売却する場所や機会に困ることはありません。**

さらに、金は少額から取引できるため、資金が必要なときに必要なぶんだけ売却できます。この柔軟性があるからこそ、金は急な現金需要にも対応できる頼りになる資産なのです。たとえば、突発的な支出が発生した場合や、絶好の投資機会を逃したくないときに、手元の金をすぐに現金化して対応できます。

供給量が限られ「永遠に輝く」希少性

金は、古代から現代に至るまでその価値を保ち続けてきた特別な資産です。その大きな理由の一つが、金の「**希少性**」です。地球上に存在する金の量は限られており、この希少性が金の価値を支える重要な要素となっています。

まず、金の供給量は非常に限られています。金は地中から採掘される鉱物であり、その埋蔵量は限られています。また新たに採掘される量も年々減少しています。さらに、採掘には多大な労力とコストがかかるため、新しい金の供給はつねに制約を受けており、この限られた供給量が金の価値を支える基盤となっているのです。

また、金は腐食しにくく、時が経ってもその輝きを失わないという特性を持っています。これが、時折「永遠に輝く」と表現されるゆえんです。年月を経てもその物理的特性から価値が損なわれることがないため、何千年にもわたって人類は金を財産として認識してきました。古代エジプトやローマ帝国の時代から、金は権力や富の象徴として用いられ、その価値は時代や文化を超えて継承されてきたのです。

さらに、金には文化的・地理的にも普遍的な価値があります。世界中の多くの文化や地域で、金は価値のあるものとして認識され、通貨や貴金属として取引されてきました。たとえ国や経済が変わっても、金の価値は失われることがなく、いつの時代も、どこでも「価値のあるもの」として受け入れられています。これは、ほかの資産にはない金のユニークな特性です（なお、金と人類の歴史や物質としての金の価値については、本書の第2章でくわしくご紹介します）。

03

金は「安全資産」とはどういうこと？

金は経済危機や政情不安の際にも頼りになる

金は、古代から現代に至るまで、長い歴史を通じて「**安全資産**」として広く認識されてきました。このように呼ばれる背景には、金が時代を超えて価値を維持し、安定した資産としての地位を確立していることがあります。とくに、経済的な混乱や政治的な不安が高まる状況において、金は投資家にとって頼りになる選択肢となります。

経済危機や政情不安が発生すると、ほかの資産の価値が大きく変動することがありますが、金はそのようなリスクから比較的守られているとみなされ、投資家はリスクを回避するために金を購入する傾向が強まります。

たとえば、世界的な地政学的緊張が高まった際、金の需要は急激に増加することが

金価格の推移と地政学的リスクの関係性

出所：TradingViewのデータをもとにアプレ作成

地政学的リスクが高まると、金相場も上昇する傾向がある

あります。これは、地域紛争や国際的対立が資産市場に不安をもたらし、株式市場や通貨の価値が不安定になる一方で、金が安全な避難先としての役割を果たすからです。こうした状況では、金の需要が増加するだけでなく、その価格も上昇する傾向があります。実際、歴史的にも大きな政治的・経済的危機の際に金の価格が高騰する例は数多く見られます。

信頼を集める金の価値

それでは、なぜ金は安全資産として注目されることが多いのでしょうか。それは金が多岐にわたる特性、とりわけその信頼を集める魅力的な特徴を持つ資産だからです。

代表的な点では、**金は歴史的にその価値が安定している資産**です。数千年にわたって、金は世界中で通貨や宝飾品として用いられてきましたが、その価値はほとんど失われることなく現在に至っています。これにより、長期的に価値を保持する資産として信頼されています。

さらに、**金はインフレに対する耐性を持っています**。インフレが進行すると、一般的には紙幣や通貨の価値が下落する傾向がありますが、金はその影響を受けにくいとされています。インフレ環境下では、金の価値が上昇することが多く、投資家にとっては資産価値を維持・増加させる手段として有効です。

くわえて、**金は金融システムから独立している点**も重要です。金融市場や銀行システムが不安定になった場合でも、金はその影響を直接的には受けにくく、安全資産としての地位を維持します。とくに、金融危機の際には、金への需要が急激に高まることがよく知られています。

中央銀行もまた、金に対して高い信頼を寄せています。多くの国の中央銀行は、外貨準備の一部として金を保有しており、これは金が安定した価値を持つことへの信頼を示しています。中央銀行が金を保有することは、金の国際的な信用をさらに高める要因ともなっています。

すでにご説明したとおり、金は経済的・地政学的リスクに対して優れた対応能力を持ち、さらに流動性が高いという特徴もあります。このような唯一無二の特性により、**金は経済的・政治的な不確実性が高まる状況において、投資家にとってきわめて信頼性の高い「価値保存手段」として機能し続けているの**です。

04

金投資で儲かる？
最近の価格動向は？

金の価格は、２０２０年以降、上昇傾向が続いています。とくに２０２２年のロシアによるウクライナ侵攻を契機に価格が急騰し、２０２３年8月には国内で史上はじめて、小売価格が１グラムあたり１万円を超えました。２０２４年現在もその上昇傾向は続いており、金は利益を生む投資対象としても一定の注目を集めるようになりました。

本書の目的は、金投資を通じて「最強のポートフォリオをつくる」ことであり、金投資そのもので短期的な利益を追求することは推奨していません。長期的な視点から資産の価格変動リスクを抑えるための手段として金投資を行う場合、売買による一時的な損益に過度に反応する必要はなく、保有する資産全体のバランスの一部として金を位置づけることができます。

国内金相場

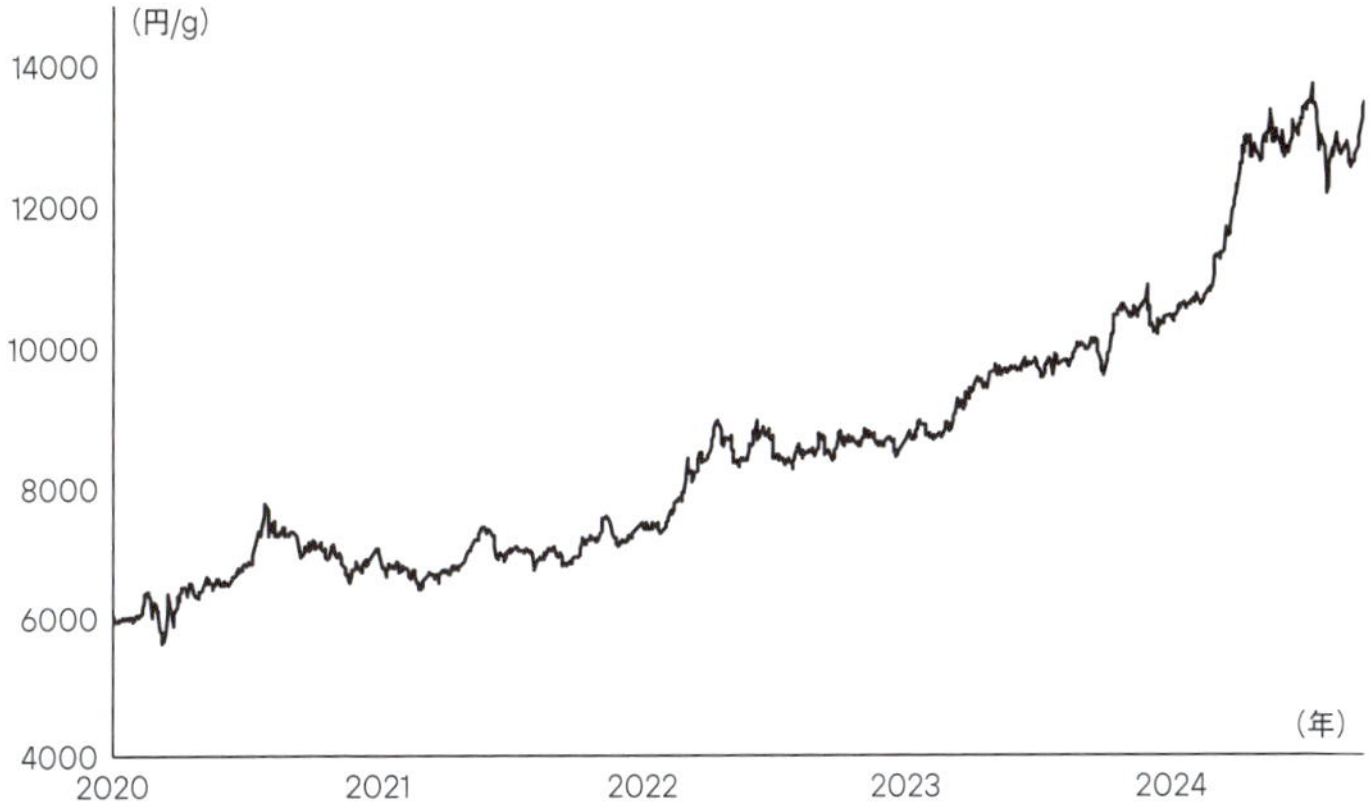

出所：TradingViewのデータをもとにアプレ作成

2020年以降金の価格は上昇を続けている

短期的売買の「儲け」

一方で、短期的には金の価格が大きく変動することもあり、これを利用して利益を狙うことも可能です。とくに先物取引（第4章で詳述）では、少ない証拠金（取引総額の一部を担保として差し入れる金額）で大きな取引を行う「**レバレッジ効果**」を活用することで、大きな利益を得るチャンスがあります。

たとえば、2024年12月現在、1キログラムの金現物を購入するためには本来約1400万円（税込）の資金が必要です。しかし、先物取引の場合、55・2万円の現金を証拠金として口座に入金すれば、その口座で1キログラムの金の購入と販売が可能であり、売買差益を得られます。つまり、55・2万円の証拠金に対して、その約25倍にあたる1400万円相当の取引が可能です。このように証拠金の何倍もの取引ができる仕組みを、「**レバレッジ**」といいます（ただし、必要な証拠金の金額は変動し、「最大25倍」という倍率は2024年12月現在の情報です）。

しかしながら、このレバレッジ効果は同時にリスクも増大させます。価格が予想と反対の方向に動いた場合、証拠金を超える損失を短期間で被る可能性があるためです。先物取引で短期的な利益を狙うことは可能ですが、そのためには市場の動きを正確に予測する高度な知識と経験が必要です。この点で金の短期売買は必ずしも初心者に適した投資方法とはいえません。

長期的売買の「儲け」

本来、金投資において「儲け」を考える際、金自体は利息や配当を生む資産ではないため、その利益は基本的に「価格の上昇」に依存します。金は供給量が限られているため、長期的には価値が上昇する可能性が高く、長期保有による利益を期待することもできます。

しかし、個人が金を売却する際には、ほかの所得と合算された譲渡所得税が課され、最高で55％（所得税の最高税率45％、住民税10％）の税負担が生じる可能性があります。また、金の価格は株式などほかのリスク資産に比べ、長期的な価格変動幅（ボラティリティ）が小さいため、長期投資で大きな利益を得ることはあまり期待できません（第6章参照）。

こうした点をふまえ、本書では金投資を「儲け」の手段としてではなく、「ポートフォリオの長期的なリスク分散」の一環として位置づけています。金の特性を正しく理解し、適切な方法で投資を行うことで、そのメリットを最大限に引き出す賢明な投資が可能となるのです。

金投資ってあやしい？

金投資と聞くと、「あやしい」「うさんくさい」と感じる方も少なくないでしょう。たしかに、過去には金投資に関連した詐欺事件や、詐欺まがいの商品が販売された例もありました。

１９８０年代の日本で発生した大規模な金に関連する詐欺事件として、「豊田商事事件」が有名です。豊田商事は当時急成長していた企業で、高齢者を中心に多くの人々に金を使った投資商品を販売していました。しかし、その実態は、金を購入させた後に「純金ファミリー契約証券」という偽の証券を渡し、実際には金の現物が存在しない「現物まがい商法」でした。この詐欺行為は豊田商事の幹部が逮捕されたことで明るみに出ましたが、その直前に社長がテレビカメラの前で刺殺されるという衝撃的な結末を覚えている方も多いかもしれません。

豊田商事は、「金の地金を保有すれば将来の値上がりが期待できる」「実物は当社で管理し、有利に運用する」といった虚偽の説明を行い、多くの人々から巨額の資金を集めました。特に高齢者をターゲットに、電話や訪問販売で執拗に勧誘し、金地金を購入させた後、「証券」という名目の紙を渡し、地金を預かると称していました。しかし、実際には豊田商事は金を購入しておらず、集めた資金は別の目的に流用されていたのです。その結果、購入者の手元には偽の「証券」しか残らず、多くの被害者を生むこととなりました。

この事件は日本社会に大きな衝撃を与え、金投資に対する不信感を一層強めました。また、この事件を契機に、投資詐欺への法規制が強化される流れにもなりました。

本来、「金」は歴史的にも信頼性の高い資産であり、正しく投資を行えば資産形成の有効な手段となります。しかし、それを悪用した詐欺が存在することも事実であり、投資を行う際にはそのような詐欺に引っかからないよう、慎重な判断が求められます。

第1章まとめ

- □現代経済は不安定で、予測困難なリスクが高まっている。
- □金は経済不安定時に価値を保つ「安全資産」として機能。
- □金は国や地域に依存しない無国籍資産で、世界共通の価値を持つ。
- □金は流動性が高く、どの国でも簡単に現金化が可能。
- □金の供給量は限られており、その希少性が価値を支えている。
- □金投資はポートフォリオの長期的なリスク分散に役立つ。

第2章

投資するなら知っておきたい「金の価値」

05

金はどうして価値があるの？

古来より普遍的な価値を持つとされる「金」ですが、なぜ世界中で価値があると考えられているのでしょうか。そもそも、なぜ人々は「金」に魅力を感じるのでしょうか。この項目では、物質的、歴史的、文化的、そして経済的な4つの側面から、それぞれの観点で金の価値の本質を考察します。

物質「Ａｕ」としての側面

物質としての金（元素記号：Ａｕ）の誕生は、宇宙のはじまりにさかのぼります。最近の研究では、遠い宇宙で起こった超新星爆発に伴う核反応によって、金（Ａｕ）を含むいくつかの元素が生成されたことが明らかになっています。こうして発生した元素の一部が宇宙に散らばり、恒星や惑星が形成されました。私たちの地球もその過程で誕生し、今日採掘されている金鉱床も、この宇宙規模の現象を経て地球に蓄積されたものだと考えられています。

地球に到達した「金（Au）」は、人類にとって非常に都合のよい性質を持った希少な物質です。その主な特徴はつぎのものです。

・耐久性

金は酸や腐食に対して非常に強く、長期間その形状や見た目を保ち、化学的特性がほとんど劣化しません。現代では「錆びにくさ」から電子機器や先端エレクトロニクス分野で重宝され、また輝きが変わらないため、宝飾品としての需要も高いです。

・加工性

金は非常に柔らかく、ほかの金属と比べて加工がしやすいという特徴があります。さまざまな形状に加工できることは、人間にとって非常に便利な性質です。

・導電性

金は電気を通しやすい性質を持っており、耐久性や加工性と合わせて、電子機器の部品として重要な役割を担っています。

・美しさ

金はその特有の黄金色が、古くから人々を魅了してきました。ほかの金属が銀色や暗い色調であるなか、金の美しさとその耐久性、加工性を兼ね備えた性質が、宝飾品として使われ続ける大きな理由です。

これらの特異な性質により、金は人々にとって非常に魅力的な物質であり続け、その需要を支えてきました。さらに、もう一つの重要な要素はその希少性です。金は、その宇宙的な誕生背景により地球上の絶対量が限られており、新たに生み出すことができない物質です。この希少性と優れた物質的性質が組み合わさり、金の普遍的な価値の基盤を形成しているといえるでしょう。

金の歴史的な側面

金は古代文明から現代に至るまで、人類の文化、経済、政治に深い影響を与えてきました。長い歴史にわたってその価値が認められ続けてきたという信頼こそ、現代における金の普遍的な価値を支える基盤の一つです。

・古代における金

金は紀元前3000年頃からエジプトで使用され、ファラオや神々と結びつけられていました。エジプトの墓や神殿には大量の金が使われており、とくにツタンカーメンの墓から発見された「黄金のマスク」をはじめとする多くの金製品がその象徴です。同時期に、メソポタミア文明（現在のイラクの一部）やインダス文明（現在のパキスタン・インドにまたがる地域）でも、金は装飾品や交易品として使用されていました。さらに、古代ギリシアやローマでも金は富の象徴とされ、硬貨として鋳造されるなど、経済の基盤としても重要な役割を果たしました。

・中世・ルネッサンスにおける金

7世紀頃、ローマ帝国の衰退後もビザンツ帝国（東ローマ帝国）では、金貨「ソリドゥス」が長期間にわたり使用され、交易や経済の安定に大きく寄与しました。中世ヨーロッパでは、金は主に教会や貴族によって所有され、宗教的儀式や装飾品として用いられました。この時代、金細工の技術が発展し、金細工師は金の加工だけでなく、金の保管も行うようになります。

金を所有する人々は、金細工師に金を預け、その代わりに発行された預かり証が紙幣のように使用されはじめました。さらに、金細工師は預かっている金を商人に貸し出すようになり、この仕組みが現代の銀行業の原型となったと言われています。このように、金は単なる装飾品としての役割だけでなく、金融の発展にも重要な役割を果たしました。

・近代における金

15世紀末から16世紀にかけて、アメリカ大陸の発見と征服により、大量の金がヨーロッパへ流入しました。とくにスペインは、1521年にメキシコのアステカ文明を滅ぼし、1533年には南米のインカ帝国を征服して、大量の金を持ち帰りました。この時期、金はヨーロッパ諸国の経済発展に大きな影響を与え、金の蓄積が国家の富と権力の象徴とされました。

19世紀には、多くの国が金本位制を採用し、通貨の価値を金に裏づける制度を確立しました。金の信頼性によって一定の価値が保証された通貨の流通は、国際貿易の拡大を促進し、経済の安定にも寄与しました。これにより、金は国際経済の基盤としてさらに重要な役割を果たすようになりました。

・現代における金

1930年代の大恐慌や第二次世界大戦後、金本位制は徐々に廃止されました。1944年のブレトンウッズ協定では、米ドルが基軸通貨となり、金とドルの交換が保証されていましたが、1971年にニクソン大統領が金とドルの交換を停止しました(いわゆる「ニクソン・ショック」)。これにより、金本位制は完全に終焉を迎えました。

現在、金は主に投資資産、工業用途、装飾品としての役割を果たしています。とくに、中央銀行は依然として金を外貨準備の一部として保有しており、インフレや経済の不安定期におけるヘッジ(価値保全手段)としての重要な役割を担っています。これにより、金は現代においても依然として信頼性の高い資産として評価されています。

金の文化的な側面

金はその特性から、富や権力、神聖さ、愛、芸術、名誉、栄誉など、さまざまな文化的側面で重要な意味を持ち続けています。

たとえば、ツタンカーメンの黄金のマスクや古代ギリシア・ローマの黄金の冠や装飾品は、富と権力の象徴として位置づけられてきました。また、キリスト教における聖杯や十字架に使用される金は、宗教的な神聖さの象徴としての役割を果たしています。

現代においても、オリンピックの金メダルは最高の栄誉を象徴し、映画のアカデミー賞（オスカー）のトロフィーや音楽のゴールドディスクは、成功と名誉の象徴として認識されています。こうした例に見られるように、金という素材は古代から現代に至るまで、人々にとって特別な意味を持ち、普遍的な価値を創り出す要因となっているのです。

金の経済的な側面

金は通貨と深く関わり、長い歴史を通じて人間社会における経済的な機能を果たしてきました。かつては「金」そのものが貨幣として使用され、次第に兌換券の交換対象としてその価値を裏づける存在となりました。

19世紀から20世紀にかけての金本位制やブレトンウッズ体制はその典型的な例であり、各国の発行する紙幣の価値は「金」によって担保されていたのです。現在の管理通貨制度に移行したあとも、各国の中央銀行は外貨準備の一部として大量の金を保有し、通貨の信頼性を補完しつつ、国家の財政安定を支える重要な役割を担っています。

現代においても、通貨の価値を保証する担保機能や、一時的・長期的なインフレに対するヘッジ手段として、金に対する信頼は依然として揺るぎません。この事実が、金の普遍的な価値を支えている大きな要因の一つだといえます。

06

金と通貨の関係は？

金（ゴールド）と通貨の深い関係

通貨、すなわちお金は、もともと「金（ゴールド）」として存在していました。しかし、最初から金が使われていたわけではありません。昔の人々は、貝や石といった自然界にある物を価値あるものとして認識し、それを物々交換に用いていました。これらの物は、地域ごとに異なる基準で価値が決められていたため、交易が限られた範囲内で行われる限りにおいては問題がなかったのです。

このような歴史的背景から、お金にまつわる漢字には「貝」の字が含まれているものが多くあります。たとえば、「財」「貨」「貯」など、いずれも貝に由来する漢字です。これは、当時の人々が貝を通貨の一種として重視していたことを物語っています。

しかし、交易の範囲が広がり、より遠方の地域と取引をするようになると、地域差のある価値基準や物々交換の不便さが次第に問題となってきました。そこで登場したのが、金です。金は普遍的な価値を持ち、どの地域でも価値が認められるうえに、持ち運びが比較的容易であったため、通貨として適していました。このようにして、金が通貨として広く使われるようになったのです。

一方で、金そのものにも問題がありました。たとえば、大量の金を運ぶのは労力がかかり、破損や盗難のリスクも伴います。また、偽造された金が流通する恐れもありました。こうした課題を解決するために、金そのものではなく、金と引き換えができる兌換券、すなわち紙幣が登場しました。紙幣は軽くて持ち運びやすく、また管理もしやすいため、交易の安全性と効率を大きく向上させました。

こうして、金が基盤となった貨幣制度が確立され、私たちが知る「お金」という概念が発展していったのです。物々交換から金を経て紙幣へ、そして現代における電子マネーや仮想通貨のように、お金の形態は時代とともに変化し続けていますが、その根底にある「価値をやり取りする」という目的は、古代から現在まで一貫しているのです。

金本位制

19世紀後半から20世紀初頭にかけて、多くの国が**金本位制**を採用しました。金本位制とは、通貨の価値を一定量の金に裏づける制度です。各国の通貨が金との交換を保証されていたため、国際的な取引においても信頼性が高まっていました。たとえば、アメリカでは1ドルが特定の量の金と交換できるように約束されており、この制度によって通貨の価値が安定していたのです。

金本位制の最大の利点は、通貨の供給が金の保有量によって制約されていたため、過剰な紙幣の発行が抑えられ、インフレのリスクを軽減できた点にあります。紙幣の価値は金によって保証されていたため、人々は通貨に対して信頼を持ち、物価の安定にも寄与しました。

しかし、金本位制にはデメリットもありました。その一つが、金の供給が経済成長のペースに追いつかない場合に発生するデフレーション（デフレ）のリスクです。経済が拡大し、商品やサービスの取引量が増える一方で、金の供給が限られている場合、通貨の価値が相対的に高まり、物価が下がってしまいます。デフレが進むと、企業の収益が減少し、失業や景気の停滞を引き起こすことがありました。

金本位制の崩壊

結局のところ金本位制は、つぎのような複数の要因により、最終的に崩壊することになりました。

まず、第一次世界大戦がその大きな契機となりました。多くの国が戦費を賄うために大量の通貨を発行した結果、通貨の価値が金に裏づけされなくなりました。金本位制では、通貨の価値は一定量の金によって保証されることが基本でしたが、戦時下では国が急激に資金を必要としたため、金にもとづかない紙幣が大量に発行されました。その結果、通貨の信頼性が失われ、戦後に残された財政赤字も加わり、金本位制の維持は困難となったのです。

さらに、金本位制には経済成長と通貨供給のバランスに問題がありました。金本位制では、通貨の供給量が国の金保有量に依存していたため、経済が成長する際に必要な十分な通貨を供給することが難しくなります。とくに、経済が成長期にあるときには、流通する通貨の量が不足し、経済活動が抑制されてしまうことがありました。くわえて、不況時には、柔軟に通貨供給を増やすことができなかったため、景気回復が遅れる要因ともなったのです。

1929年に発生した世界的な大恐慌も、金本位制に致命的な打撃を与えました。深刻な不況のなかで、各国は通貨供給を増やして経済を刺激しようと試みましたが、金本位制の下では通貨発行が金の保有量によって制限されているため、その手段が制約されていました。この制度的な硬直性が、経済回復の遅れにつながり、最終的には多くの国が金本位制を放棄せざるを得なくなったのです。

こうした歴史的経緯から、金本位制はその信頼性と安定性において一時的には大きな役割を果たしましたが、経済の成長や変動に対応する柔軟性を欠いていたため、時代の変化に適応できなくなり、崩壊へと至ったのです。

ブレトンウッズ体制への移行と崩壊

第二次世界大戦中の１９４４年、国際経済の安定を図るために設立されたのが**ブレトンウッズ体制**でした。この体制では、米ドルが金と交換可能な唯一の通貨として位置づけられ、ほかの主要通貨はドルに対して固定相場制を採用する形で運用されました。つまり、ドルは金に裏づけられた「**基軸通貨**」としての役割を担い、世界の金融システムの中心に位置していたのです。

しかし、このブレトンウッズ体制もまた、１９７１年に終焉を迎えました。その背景には、いくつかの複合的な要因がありました。まず、戦後の経済復興が進むなかで、アメリカは大量のドルを世界中に供給する立場となりました。とくに、ベトナム戦争の軍事費や国際援助をはじめとするアメリカの海外支出、により、ドルは急速に海外に流出していきました。その結果、各国はドルを大量に保有するようになり、一方でアメリカの金準備高は減少していきました。この「ドル過剰」と「金不足」の不均衡が、ブレトンウッズ体制の持続可能性を次第に脅かしていったのです。

アメリカ政府は、この不均衡を是正しようと試みましたが、ドルの発行量に対して金準備高が追いつかなくなり、実際には金との交換を制限せざるを得なくなりました。

これにより、各国がドルと金を自由に交換できるというシステムに対する信頼が徐々に低下していきました。とくに、ドルに対する不信感が強まるなか、各国は保有するドルを金に交換しようとする動きを活発化させたのです。

このような背景のもとで、ついに1971年8月15日、アメリカのリチャード・ニクソン大統領は、ドルと金の交換を一時停止すると発表しました。この出来事は「ニクソン・ショック」として知られ、これによってドルと金のリンクは事実上断ち切られました。この発表を受け、ブレトンウッズ体制は終了し、各国は固定相場制から変動相場制へと移行していくことになりました。

ブレトンウッズ体制の崩壊は、戦後の国際経済の変化、とくにアメリカの経済政策や軍事支出の影響、そして金にもとづく通貨制度の限界が重なった結果といえます。この出来事を契機に、世界の通貨制度は大きな転換点を迎え、現代の変動相場制へと移行していくことになったのです。

管理通貨制への移行

ブレトンウッズ体制が崩壊したあと、世界の通貨制度は大きな転換を迎え、現在の

「**管理通貨制**」へと移行しました。この新しい通貨制度では、各国の通貨の価値が金やほかの通貨に固定されるのではなく、市場の需給によって変動する仕組みとなっています。これが、いわゆる「**変動相場制**」です。

管理通貨制では、通貨の価値はもはや金などの実物資産に裏づけられていません。かつての金本位制のように、通貨を一定量の金と交換できるという保証はなく、金との交換性も完全に失われました。その代わりに、通貨の価値は各国の政府や中央銀行の信用にもとづいています。具体的には、各国の経済政策、中央銀行による金融政策、そしてその国の経済力や市場の信頼性などが通貨の価値を支えています。

この管理通貨制のもとでは、政府や中央銀行が通貨供給量を自由に調整することができるため、インフレやデフレの管理、経済の安定化を図るための政策がより柔軟に行えるようになりました。ただし、その一方で、通貨の価値は市場の変動に大きく影響されるため、為替レートが不安定になりやすいという特徴もあります。

このように、管理通貨制は各国が経済の状況に応じて自国の通貨政策を決定できる自由度をもたらした一方で、市場の信頼と政府・中央銀行の運営能力に大きく依存する制度となっています。

07 金は有限なの？

金は地球上で有限の資源であり供給量も限られています。その希少性こそが金の価値を支える最も重要な要素の一つです。

地球上の金の**埋蔵量**は限られており、新たに採掘できる量も徐々に減少しています。この希少性により、金は長い歴史を通じて、貴重な資産や価値の保存手段として重宝されてきました。さらに、金は歴史的に信頼されてきたため、経済的な不安定期には「安全資産」として投資家の注目を集め、価値を維持または高めることが多いのです。

金は2040年代には枯渇する⁉

では、金の残り埋蔵量はあとどのぐらいあるでしょうか？

2023年末時点で、採掘され地上に存在する金は約21万トンとされ、確認されて

金の埋蔵量

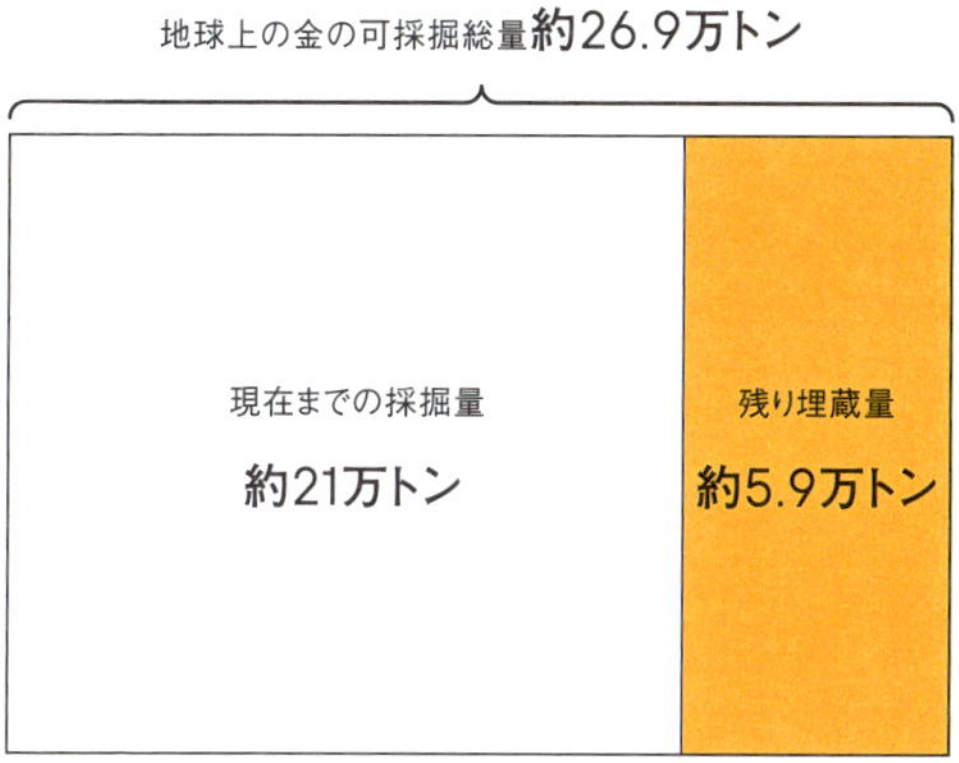

出所：https://www.gold.org/goldhub/data/how-much-goldをもとにアプレ作成

いる金の埋蔵量は約５・９万トンと見積もられています。現在、年間に約３１００トンのペースで採掘が行われているため、このままのペースで採掘が進むと、あと約20年以内に確認されている埋蔵量は枯渇する可能性があると予測されています。

ただし、この見積もりは確認されている埋蔵量にもとづいているため、探索技術の進歩や新たな埋蔵場所の発見により、将来的に採掘可能な金の量が増える可能性もあります。さらに、採掘技術の向上によって、現在では採掘が難しいとされている鉱脈も利用できるようになるかもしれません。

一方で、**地球上の金が有限であること**

に変わりはなく、その希少性が今後も金の価値を支える要因となるでしょう。金が枯渇する可能性が現実的に高まるなかで、リサイクルや金を使った新しい技術の活用がますます重要になると考えられます。

「都市鉱山」は今度ますます重要な供給源に

金の採掘は、経済的にも技術的にも非常に高コストで困難な作業です。容易にアクセスできる鉱床はすでにほとんど開発されており、新たな鉱床の発見や開発にはますます多大な費用と高度な技術が求められています。とくに、鉱床の開発には地質的な調査から掘削、運搬、精錬といった多段階のプロセスが必要であり、これらには膨大な資金と時間がかかります。また、鉱石からの金の抽出効率も低く、多くの資源を投入しても得られる金の量は限られています。

さらに、環境保護規制や採掘に伴う倫理的な問題も、金の採掘を一層難しくしています。金の採掘は自然環境に大きな負荷を与えるため、多くの国で厳しい環境保護規制が導入されています。採掘現場では、森林伐採や水質汚染といった環境問題が深刻であり、これらの問題を解決するためにはさらなるコストが必要です。また、一部の地域では、児童労働や劣悪な労働環境が問題視されており、倫理的な観点からも採掘産業には多くの課題が残されています。

その一方で、金は非常に耐久性があり、化学的にも安定しているため、リサイクルが容易です。不要なジュエリーや電子機器などから回収された金は再精錬され、新たな製品に生まれ変わります。現代の電子機器には微量の金が使用されており、こうした製品からのリサイクルは、今後ますます重要な供給源となるでしょう。いわゆる「**都市鉱山**」です。とくに、金の採掘が技術的・経済的に限界に達した後は、地上に存在する金のリサイクルが唯一の持続可能な供給源になると考えられています。

今後、金の需要と供給のバランスを維持するためには、採掘の効率化や新たな技術開発にくわえ、リサイクルを促進する仕組みが不可欠です。環境や人権に配慮した持続可能な資源管理が、金の未来にとって大きな課題であり、同時に解決の鍵となるでしょう。

08

金ってどの国でとれる？

世界最大の金生産国は中国

金の採掘は世界的なビジネスであり、各国においてさまざまな規模や種類の鉱山で行われています。２０２３年の世界最大の金生産国は中国であり、世界総生産量の約10％を占めました。中国は豊富な鉱床を持ち、政府による支援もあり、長年にわたって金の生産量で世界をリードしています。ついで、ロシアが約９％、オーストラリアが約８％、カナダとアメリカがそれぞれ約５％のシェアを持ち、これらの国々も主要な金生産国として位置づけられています。

日本の菱刈鉱山と佐渡金山

一方、日本では金の採掘規模は非常に限られています。商業規模で操業している唯一の金鉱山は、鹿児島県伊佐市にある住友金属鉱山株式会社の**菱刈《ひしかり》鉱山**です。菱刈鉱山は、日本国内での金の主要な供給源であり、年間の平均産出量は約4・4トンに達します。しかし、世界の主要な生産国と比較すると、その生産量はかなり少なく、日本の存在感は限定的です。

菱刈鉱山は高品位な金鉱脈を持つことで知られ、品質の高さがその特徴です。しかし、他国の巨大な鉱山と比べると、日本の金生産は小規模で、国内での金需要を満たすためには多くの金を輸入に頼っています。今後も世界各地の金鉱山が引き続き金市場をリードしていくなかで、日本は資源の乏しさを補うため、リサイクルや技術革新の分野での発展が鍵となるでしょう。

ところで、日本の金鉱山といえば、多くの人が新潟県の**佐渡金山**を思い浮かべるでしょう。佐渡金山の公式サイトによれば、佐渡金山は、1601年に山師3人によって発見されて以来、1989年（平成元年）まで約400年にわたって金の生産が続けられていました。この期間中、佐渡金山は日本最大の金銀山として歴史に名を刻み、産出された金は78トン、銀は2330トンにも及ぶともいわれています。江戸時代から平成までの長期間にわたり、佐渡金山は日本の経済や文化に大きな影響を与えてきました。

佐渡金山の坑道は非常に広大で、その総延長は約400キロメートルにも及びます。この距離は、ちょうど佐渡から東京までに相当するほどの長さです。坑道は複雑に掘り進められ、まるでアリの巣のように山全体に広がっていました。江戸時代には佐渡金山は幕府の重要な収入源であり、技術の進歩とともに鉱山の生産量も増加していきました。

しかし、1989年に資源の枯渇により操業が休止されることとなり、長い歴史に終止符が打たれました。それでも佐渡金山の遺産は、今日まで日本の鉱業史において重要な役割を果たしており、歴史的な観光名所としても知られています。また、佐渡金山の技術的・文化的価値が高く評価され、2024年7月には世界文化遺産として登録されました。

09 金ってなにに使われているの？

金の需要は大きく４つの分野に分類され、それぞれが異なる用途で重要な役割を果たしています。

①宝飾品

最も大きな需要を占めるのは宝飾品で、金はネックレスや指輪などのジュエリーやアクセサリーの原料として広く使用されています。全体の約50％がこの用途に向けられていますが、近年では需要が徐々に減少しているものの、依然として金の最大の消費分野です。とくにインドと中国は世界最大の宝飾品市場であり、両国で世界の宝飾品セクターの需要の約半分を占めています。宝飾品市場は景気に大きく左右される特徴があり、経済が好調な時期には需要が増加し、不況時には減少する傾向があります。

②中央銀行・公的機関

つぎに大きな需要は中央銀行や公的機関によるものです。中央銀行は外貨準備の一環として金を大量に保有しており、この分野の需要は全体の約20％を占めます。とくに２００８年の金融危機以降、経済の安定性を保つために金の保有量を増やす国が増えました。金は通貨の価値が不安定な時期に信頼できる資産とされ、各国の中央銀行がリスクヘッジとして積極的に保有する傾向が続いています。

③投資用途

投資用途も、金の需要全体の約20％を占めます。個人投資家や機関投資家は、ポートフォリオの分散を図るために金を購入しています。金は株式や債券とは異なる値動きをするため、リスク分散効果を高める資産として人気です。物理的な金貨や地金の所有のほか、金の積立や金に連動するＥＴＦ（上場投資信託）、先物取引など、さまざまな方法で金に投資することができます。このように、投資家にとって金は安全資産として重要な役割を果たしています。

④テクノロジー用途

最後に、テクノロジー分野での需要が全体の約10%を占めています。金は工業用の金属としても優れた特性を持ち、パソコンやスマートフォンなどの電子機器、半導体、自動車など、さまざまな製品に使用されています。とくに、電子機器の基盤の表面処理には金メッキがよく使われています。これは、金が優れた導電性、高い延性・展性、熱伝導性、耐食性、そして化学的安定性を持っているためです。これらの特性により、金はエレクトロニクス業界においても不可欠な材料となっています。

このように、金は宝飾品から投資、そしてテクノロジーに至るまで、幅広い分野で重要な役割を果たしており、その需要は世界中で多岐にわたっています。

オリンピックの金メダル

オリンピックの金メダルは、「純金」でできていると思われがちですが、実際には「銀」が主な素材として使用されています。現代のオリンピックにおける金メダルは、銀でつくられたベースに金メッキを施したものであり、純金そのものではありません。

国際オリンピック委員会（IOC）は金メダルに最低6グラムの金メッキを施すよう定めており、残りは主に92・5％以上の純度を持つ銀で構成されています。この6グラムの金メッキは、IOCが定めた基準に基づいており、金メダルとしての純金の割合を確保するためのものです。メダルの素材が銀主体である理由には、コストや重量の問題があるため、数百グラムの純金を使うのは非常に非現実的といえます。

オリンピックの金メダルは、開催大会ごとにデザインやサイズ、重量が異なります。たとえば、東京2020オリンピックの金メダルは約556グラムで、オリンピック史上でも重い部類に入りました。メダルの重さは約500〜600グラムが一般的ですが、デザインとともにその時代や開催国の意向が反映されるため、過去のメダルとは一味違う造りが楽しめる点も興味深いところです。

もし東京2020オリンピックの金メダルが純金で製作されていたとしたら、どれほどの価値になるでしょうか？

東京2020オリンピックの金メダルの重さは約556グラムなので、1グラムあたり1万4000円で計算すると、金メダル1枚の価値は約778万円に相当します。オリンピックで多くのメダルが授与されることを考えると、純金の使用は非常に高額であるため、現実的ではありません。そのため、実際には銀をベースに6グラムの金メッキを施す形が採用されていますが、それでも金メダルは選手にとって「最高の栄誉」が表現されています。

第2章まとめ

- □ 金の希少性こそ、普遍的価値を支える基盤である。
- □ 歴史的に、金は通貨や権力の象徴として重視されてきた。
- □ 世界各国は外貨準備として金を保有し、安定資産と位置づける。
- □ 金は地理的・文化的に共通価値を持つ「無国籍」資産である。
- □ 経済危機時に、金は「安全資産」として価値を保ち、資産分散に役立つ。

第 3 章

これだけは知りたい「金投資」の基本

10 そもそも「金投資」はどういうもの？

「金」はリアルアセット（実物資産）の一つ

通貨、株式、債券など、その価値が発行体の信用にもとづく資産は「**ペーパーアセット（金融資産）**」と呼ばれます。これに対して、金や銀などの貴金属や土地、不動産のように、それ自体に固有の価値を持つ資産は「**ハードアセット（実物資産）**」と呼ばれます。現物の金投資はこのハードアセットに該当し、その特徴はほかの資産と比べて高い安定性と信頼性を持っている点にあります。

とくに、金は国や地域、政治体制に依存しない「普遍的な価値」を持つ資産とされています。このため、地政学的なリスクや経済不安が高まる時期においても、金はその価値を保ちやすく、投資家にとって「安全資産」として位置づけられています。また、

実物資産と金融資産

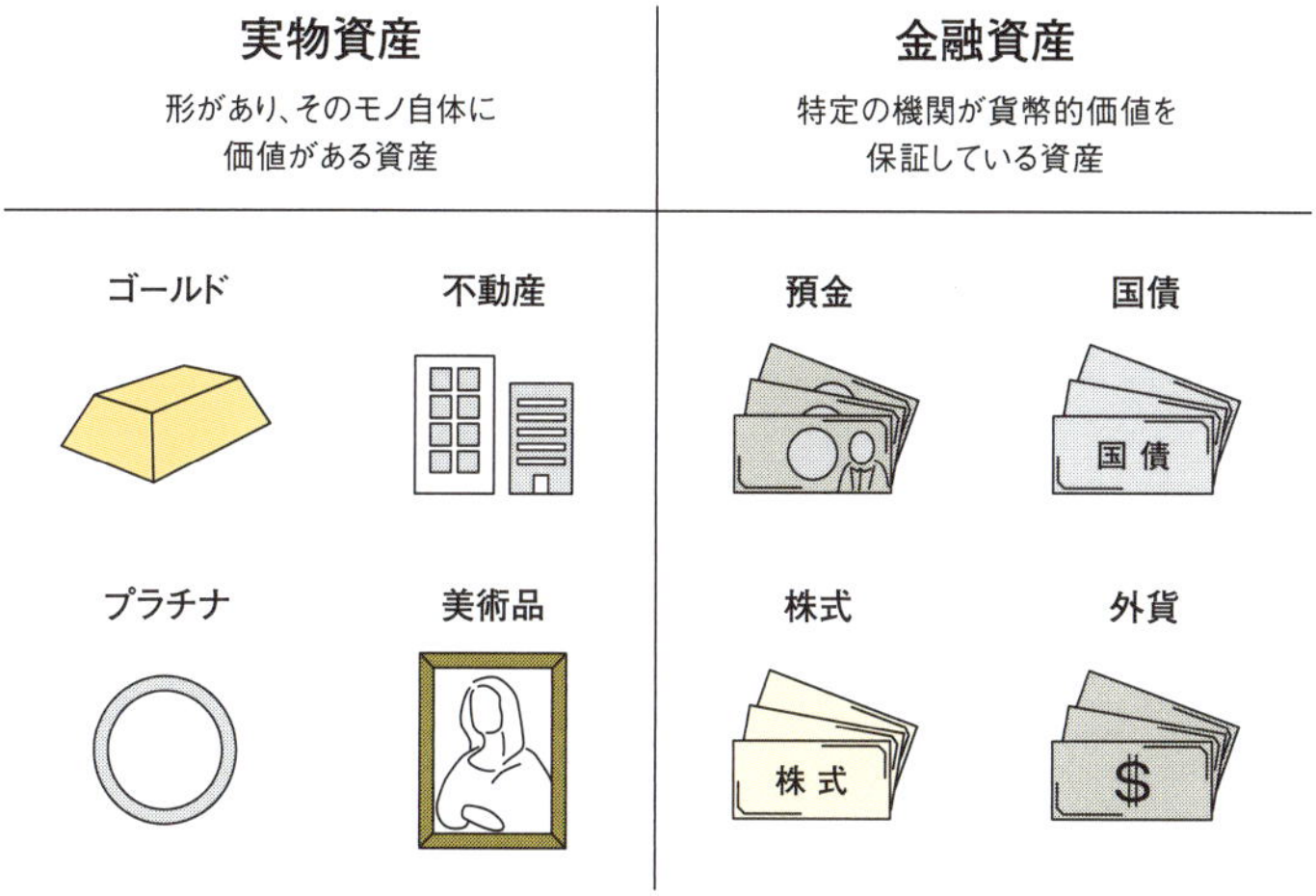

金は高い流動性も持ち、世界中で容易に売買できることから、ハードアセットのなかでもとくに資産としての安定性が高いとされています。

こうした特性により、金はポートフォリオの分散効果を高める手段としても広く利用されています。金融資産の価値が市場の変動や発行体の信用に左右される一方で、金はその歴史的な信頼性と世界的な需要から、発行体の信用に依存せずに長期的に安定した価値を持ち続ける資産とされています。金は信用リスクが低いといわれるゆえんです。

「金」は守りの資産（メリット）

金は、その信用リスクが非常に低いことで知られており、とくにインフレや経済不安が進行する時期においてその価値を保持する力が高いとされています。たとえば、インフレが進むと通貨の価値が下がり、現金や通貨にもとづく資産の実質的な価値が減少します。しかし、金はそのような状況下でも価値を維持しやすいため、投資家にとって魅力的な資産とされています。

さらに、戦争や災害などの影響で株式や債券といった金融資産が大きく変動する時期には、金が相対的に安定した価値を提供することが多いです。このため、投資家はリスクを予測して備えることを意味するリスクヘッジの手段として金を選ぶことがあり、金は「守りの資産」として評価されることがあります。株式や通貨のような金融資産は、極端な経済危機の際に価値を失う可能性がありますが、歴史的に見て、金がその価値を完全に失ったことはありません。これは、金が何千年にもわたって人類社会で信頼され続けてきたことを物語っています。

そのため、**金は金融市場の変動や信用リスクを回避するための「安全資産」として**

の役割を果たし、ポートフォリオのリスク分散に貢献します。歴史を通じて、金は通貨や株式が不安定な時期にも安定した価値を提供し続けてきたため、今後もその役割は変わらないと考えられています。

「金」は利息や配当を生まない（デメリット）

一方で、金投資にはいくつかのデメリットもあります。最大のデメリットは、**金は配当や利息といった「インカムゲイン」を生まない**点です。株式に投資すれば配当が得られ、預金や債券を所有すれば利息を受け取ることができます。また、土地や建物などのリアルアセットに投資すれば、家賃や地代といった収益を得ることができます。しかし、金を所有しているだけでは、こうした継続的な収入を得ることはありません。**金はあくまでその価値を保持する役割が主であり、資産運用において収益を期待するものではない**のです。

さらに、金の現物を所有する場合、盗難や紛失のリスクが存在します。このリスクを避けるために、金を委託保管する場合には、保管料や保険料などの追加コストがかかることがあります。これにより、現物の金投資は保管の手間と費用も考慮する必要があります。

また、金は価値が安定しているため、信用リスクが低いという強みがある一方で、**大きなキャピタルゲイン（売買の差額による利益）を得ることは期待しにくい**とされています。株式や不動産のように、価値が急激に上昇することは少なく、短期的な投資で大きな利益を狙うには向いていない資産といえます。

これらの理由から、金投資はインカムゲインを重視する投資家にとってはデメリットとなり得る点が多いとされ、守りの資産としての位置づけが強調されることが多いのです。

金融商品と組み合わせて持つのが原則

金投資は、資産としての安全性が高く、通貨や金融商品の信用リスクに対するリスクヘッジとして有効です。しかし、継続的なインカムゲインや大きなキャピタルゲインを期待することは難しいという特徴もあります。このため、金投資は通常、株式や債券などの収益を期待できる金融商品と組み合わせて行うことが一般的です。

キャピタルゲイン＝資産の売却益

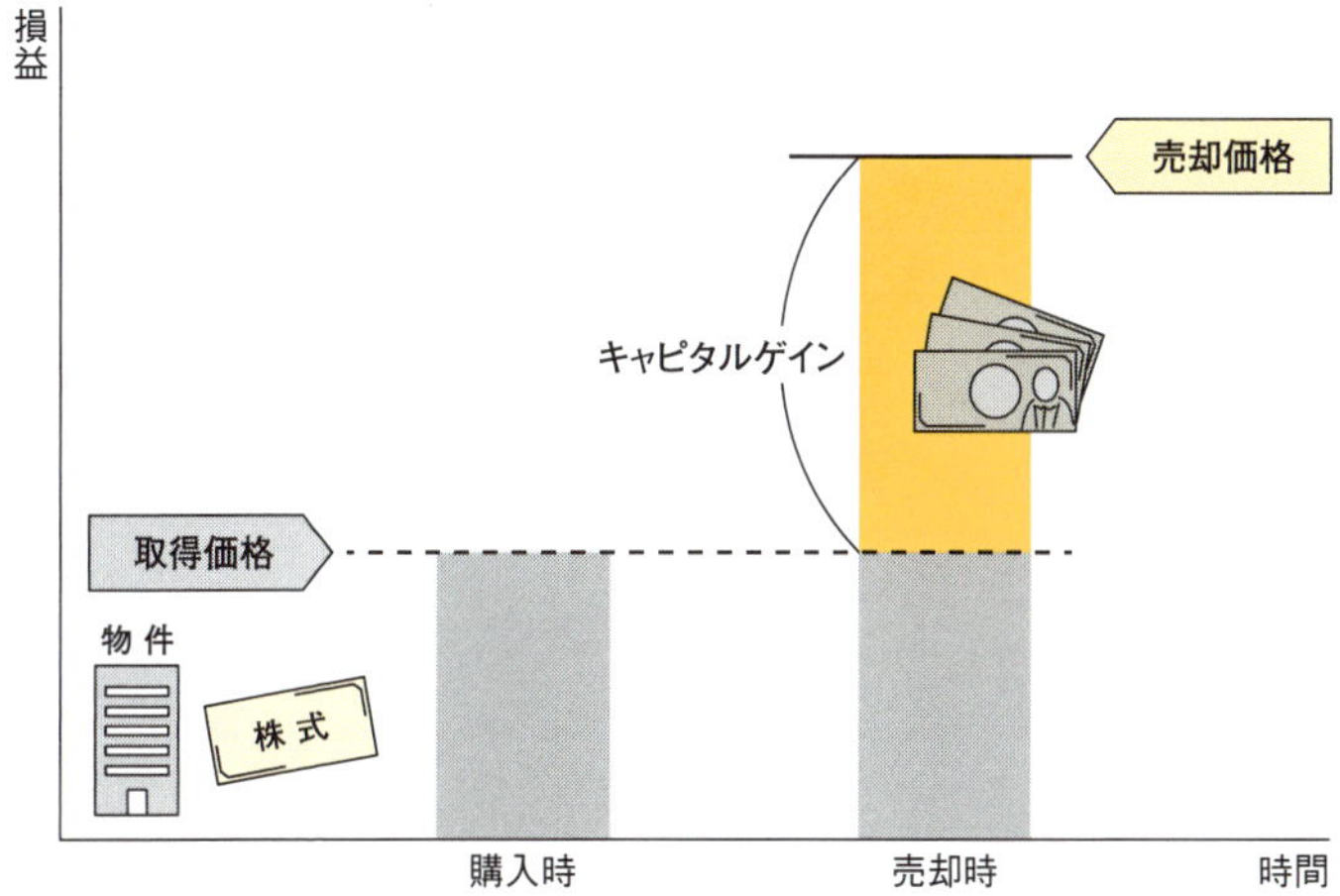

インカムゲイン＝資産の運用益

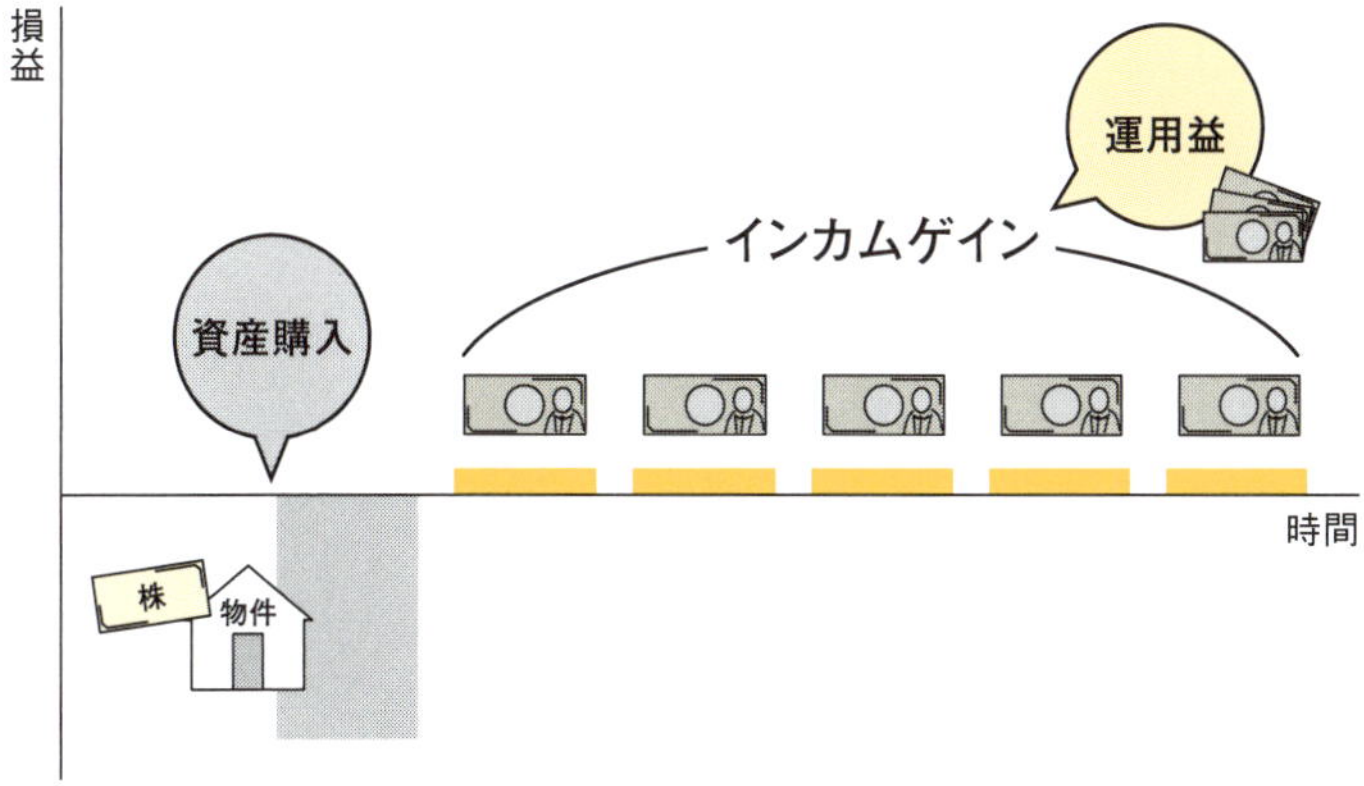

リスクの異なる資産を組み合わせることで、ポートフォリオ全体のリターンを最大化しつつ、金の持つリスクヘッジの効果を活用できます。とくに、経済不安やインフレ時において、株式や債券などの金融資産が大きな変動を見せる一方で、金はその価値を保ちやすいため、ポートフォリオの安定性を高める役割を果たします。

この戦略により、投資家は収益を追求しながらも、金融商品の信用リスクに対する備えを確保できます。結果として、金投資のメリットを最大限に引き出しつつ、ポートフォリオ全体のバランスと安定性を向上させることができるのです。

11 金投資にはどんな方法がある？

金投資には、さまざまな方法があり、それぞれの特徴やリスクがあります。つぎは、代表的な5つの金投資方法です。

①現物購入

金の延べ棒やインゴット、金貨などを直接購入する方法です（90ページ参照）。一般的に高純度の金（90・00％～99・99％）が取引されます。現物を保有する安心感があり、金貨には美術的価値やコレクションとしての価値も付随することがあります。しかし、保管場所や保管コストが必要となり、盗難や紛失のリスクも伴います。

メリット：実物を所有する安心感がある、美術品や装飾品としても楽しめる
デメリット：盗難・紛失のリスク、保管コストがかかる

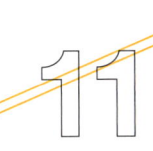

②純金積立

銀行や専門機関が提供する口座を通じて、定期的に金を購入し、少しずつ積み立てる方法です。毎月一定額を積み立てることで、ドルコスト平均法の効果が期待でき、価格変動のリスクを抑えながら長期的に金を保有することが可能です。現物の管理が不要で、少額からはじめられるのが魅力です。しかし、保管費用や手数料が発生する場合もあります。

メリット：少額からはじめられ、時間的分散が可能
デメリット：手数料や保管料がかかる場合がある

③投資信託

金を対象とする投資信託を通じて金に投資する方法です。プロのファンドマネージャーが運用し、金価格や関連資産への分散投資を行います。個別の金投資に比べリスクが分散され、少額から投資可能です。ただし、リアルタイムの売買はできず、手数料や運用の信用リスクもあります。

メリット：プロが運用し、分散投資ができる、少額から投資可能
デメリット：リアルタイム売買不可、手数料がかかる、信用リスクがある

④金（ゴールド）ETF（上場投資信託）

金ETFは、証券取引所に上場されている投資信託で、金の価格に連動したパフォーマンスを提供します（108ページ参照）。株式のようにリアルタイムで売買でき、流動性が高いのが特徴です。物理的な金を保有する必要がないため、保管リスクを避けられますが、手数料や信用リスクがあります。

メリット：リアルタイム売買が可能、少額から投資できる、保管リスクがない
デメリット：手数料がかかる、信用リスクがある

⑤金先物取引（長期投資には向かない）

金先物取引は、将来のある時点で金を一定の価格で売買する契約です（112ページ参照）。レバレッジを活用できるため、少ない資金で大きな取引を行うことが可能ですが、価格変動のリスクも高く、損失が大きくなる可能性があります。適切なリスク管理が非常に重要となる投資手法です。

メリット：レバレッジを活用した大きな取引が可能、売買スプレッドが小さい、手数料が安い
デメリット：レバレッジによる大きな損失のリスクがある

それぞれの金投資方法には、メリットとデメリットがあり、投資家のリスク許容度や投資目的に応じて適切な手法を選択することが重要です。たとえば、長期的な安定性を重視する場合は、実物資産としての安心感が得られる**現物購入**や、少額からはじめられドルコスト平均法を活用できる**純金積立**が適しています。逆に、資産の流動性を重視したい場合は、リアルタイムで売買可能な**金ＥＴＦ**や、分散投資ができる**投資信託**が有効です。さらに、短期的な利益を追求し、リスクを取ってでも大きなリターンを狙いたい場合は、レバレッジを活用できる**金先物取引**も選択肢となります。

これらの投資方法における金の購入手段や具体的な手順について、第4章でさらにくわしく解説します。

12 金投資はどんな人に向いている？ 向いていない？

大きなリターンよりリスクの分散

金投資をはじめるために、多額の資産が必要というわけではありません。たしかに、近年の金価格の高騰により、現物の金を購入するには相応の資金が必要となりますが、純金積立や投資信託を通じた投資であれば、少額からでもはじめることができ、小口での投資が可能です。これにより、手軽に金への投資をスタートさせることができ、多様な資産の一部として組み入れることが容易になっています。

ただし、金投資の最大の特徴は、インフレや金融商品の信用リスクに対するリスクヘッジ効果にあります。したがって、本書で投資をはじめる人に推奨する方法は、金をほかの金融資産と組み合わせてポートフォリオ全体の安定性を高める投資手法です。ここでの焦点は、金そのものによって大きなリターンを狙うことではなく、リスクの分散と価値の安定にあります。そのため、短期的なリターンを主な目的とする投資家には、本書の提案する金投資は最適な選択肢ではないかもしれません。

金投資をはじめてみようと考えているみなさまにとって、金投資は、あくまで**リスク管理の一環としての資産運用**という視点で取り入れることが、最も効果的です。

また、金は歴史的に無価値になったことがなく、ほかの金融資産のように発行体の信用リスクにさらされない点も、大きな魅力の一つです。このため、金は比較的低リスクな投資とされています。とはいえ、金も市場の影響を受けて価格が変動するリスクがあるため、リスクが完全にないわけではありません。また、現物の金を保有する場合には、紛失や盗難といったハードアセット特有のリスクも存在するため、これらの点も考慮する必要があります。これらを総合的に見ると、金投資は低~中程度のリスクを許容できる投資家に向いた投資選択肢といえます。

さらに、金投資は長期的にポートフォリオに組み入れることで、資産全体の安定性を高める効果が期待できます。とくに、10年~20年という長期的な視点で保有し続けることで、短期的な市場の変動に左右されず、時間をかけて資産の安全性を確保する長期的・継続的な投資に向いているといえるでしょう。

13 金をポートフォリオにどうやって組み込むといい？

金をポートフォリオに組み込む際には、つぎの3つのステップを順に進めることが重要です。

①投資目的を明確にする

まず、金投資の目的を明確にすることが必要です。金投資の特性やメリットを活かすためには、つぎのような目的が考えられます。

- **長期的なインフレ対策**：インフレによる通貨の価値低下に対する保険として。
- **資産のリスク分散**：株式や債券のリスクを緩和するための安定資産として。
- **安全資産の保有**：経済危機や市場の不安定な時期に、信頼性の高い資産を確保するため。

一方、「短期的に大きなリターンを得る」という目的で金に投資する場合は、ポートフォリオの設計や資産配分のアプローチが異なります。そのため、資産配分を考える前に、まず投資目的をしっかりと定めることが重要です。

②資産配分を決める

つぎに、自分の保有資産全体における金の割合を具体的に決定します。**金投資を行う場合、一般的には資産の10%〜20%を金に割り当てることが推奨されます。**長期的なインフレ対策やリスク分散を目的とする場合の一例として、つぎのポートフォリオが考えられます。

・例：Aさんのポートフォリオ（全資産100万円の場合）

株式：40万円（40%）

債券：30万円（30%）

現金・預金：10万円（10%）

金：20万円（20％）

・比較例：Bさんのポートフォリオ（全資産100万円の場合）

株式：50万円（50％）
債券：30万円（30％）
現金・預金：20万円（20％）

つぎに、以下のようなシナリオで資産の変動をシミュレーションします。

金融危機が発生し、株式と債券が▲50％、金が＋30％、日本円の価値が米ドルに対して▲10％。

・Aさんの資産変動

株式：20万円（▲20万円）
債券：15万円（▲15万円）
現金・預金：9万円（▲1万円）
金：26万円（＋6万円）

資産合計：70万円

・Bさんの資産変動

株式：25万円（▲25万円）

債券：15万円（▲15万円）

現金・預金：18万円（▲2万円）

資産合計：58万円

このシミュレーションからもわかるように、金をポートフォリオに組み入れているAさんは、Bさんよりも金融危機に対するリスクヘッジができており、資産全体の損失が抑えられています。

③投資手段を選ぶ

最後に、投資目的や資産配分にもとづいて、自分に合った金投資の手段を選びます。本章で紹介した現物購入、純金積立、投資信託、金ＥＴＦ（上場投資信託）、金先物取引などの手段から、自分に最も適したものを選ぶことが重要です。

たとえば、Aさんがすでに十分な資産を保有している場合、20万円分の金の現物購入を一度に行うことができます。あるいは、定期的に金を購入したい場合には、純金積立によって少額を積み立てていき、最終的に20万円分の金を保有する方法もあります。また、短期的に大きなリターンを狙う場合であれば、金先物取引を選ぶことも可能です。

いずれの方法を選ぶにしても、まずは自分の投資目的に合致しているかどうかを確認し、適切な手段を選ぶことが大切です。金投資を長期的に計画し、適切にポートフォリオを管理することで、リスクヘッジ効果を最大限に活用できます。

14 金投資のメリットを最大限に受けるには？

ここまで説明してきたように、金投資の最大のメリットは、長期的に資産全体の安定性を高めることにあります。とくに、インフレや金融商品の信用リスクに対するリスクヘッジとしての役割が大きく、ポートフォリオの一部として金を組み入れることで、資産のリスク分散効果が期待できます。金は歴史的にもその価値が揺るぎないものであり、通貨や株式のように経済や政治情勢によって影響を受けにくいという点が投資家にとって魅力的です。実際に、**経済不安が高まる局面では、金の価値が上昇しやすい傾向があるため、その安定性がさらに際立つ**ことがあります。

また、金の供給は限られているため、長期的に見ればその価値は持続的に上昇する傾向があります。さらに、**地政学的リスクが高まる状況下では、金は「安全資産」としての需要が急増し、短期的な価格上昇が期待できることもあります**。このように、金は市場の変動や不確実性が高まる局面で、投資家に安心感を与える資産です。

資産全体の10％～20％を金に

金投資を行う際には、長期的な視点で資産の一部として金を保有することが重要です。**一般的に、資産全体の10％～20％を金に割り当てることが推奨されており、これによりそのほかの資産に対するリスクヘッジが効率的に働きます**。とくに、株式や不動産などリスク資産と異なる動きをする金を適切に組み入れることで、ポートフォリオ全体のバランスを維持しつつ、リスクを軽減することが可能です。

このように、金は資産の保全やリスク分散のための効果的な手段として活用されます。とくに、**インフレや通貨の信用低下が懸念される局面では、金を保有することによって、通貨の価値下落による資産の目減りを防ぐことができます**。金がもたらすこれらのメリットを最大限に活かすためには、短期的な価格の上下に左右されることなく、冷静な判断を持って投資を続けることが重要です。

結果として、金投資を通じてポートフォリオ全体をバランスの取れた構成にし、経済的な不安や市場の変動に備えることができるでしょう。また、長期的な資産保全とリスクヘッジのために金を組み入れることで、将来的な資産価値の安定を図れます。

COLUMN

海水から金が抽出できる⁉

じつは、海水にはごく微量ながら金が含まれており、全世界の海に溶け込んでいる金の総量は非常に膨大だといわれています。しかしその濃度はきわめて低く、一般的には1トンの海水中にわずか1ミリグラム（1グラムの1000分の1）以下とされています。このように金の含有量が希薄であるため、海水から金を取り出すのは経済的に容易ではなく、膨大な量の海水を処理するために大規模な設備と多大なコストが必要になるのが現状です。

それでも海水から金を取り出すことへの関心は高く、これまでに多くの科学者や研究機関がその抽出方法を模索してきました。具体的には、電気分解を活用したり、特殊な吸着技術を応用したりするなどの試みが行われています。日本の一部の研究機関でも取り組みが続いており、資源確保に向けた新たな方法として期待が寄せられていますが、現段階では多くのエネルギーとコストがかかるため、商業的に実用化するには至っていません。

しかしながら、海水中の金を利用する技術の可能性は無視できないものです。地球の資源は限られているため、仮に海水から金を経済的に抽出する技術が確立すれば、画期的な資源供給の手段として、持続可能な社会の実現に寄与する可能性があります。その鍵を握るのは、エネルギー効率を高める技術や環境への負荷を最小限に抑える技術革新です。これらの技術が進展することで、海水からの金の回収が現実的になれば、海が新たな資源の宝庫としての価値を持つことになります。

現時点では海水から金を取り出すことは経済的に厳しい状況にありますが、今後さらに技術が進化し、コストやエネルギーの課題を克服できれば、この夢が現実のものとなるかもしれません。資源の枯渇が危惧される現代において、海水に含まれる金の利用は、将来の資源確保の切り札として期待されており、環境や社会に持続可能な方法として役立つ日が来ることが期待されています。

第3章まとめ

- □ 金投資には現物保有、ＥＴＦ、先物取引など多様な手段がある。
- □ ゴールドＥＴＦは低コストで株式同様に簡便な取引が可能である。
- □ 先物取引は高収益を狙えるが、比較的経験者向けの投資手法である。
- □ 投資初心者には現物やＥＴＦといった安全性重視の手段が推奨される。
- □ 目的やリスク許容度に応じた投資手法を選ぶことが重要である。

第4章

金の「買い方」の基本

15 金ってどこで買うの？

第3章では、金に投資するさまざまな手段について紹介しましたが、ここでは「金を購入する場所（方法）」という観点で、具体的な選択肢を見ていきます。金を購入する場所は、投資手段や目的に応じて異なり、各選択肢にはそれぞれ特徴やメリット・デメリットがあります。以下に、主な購入方法をいくつかご紹介します。

① 貴金属販売店（地金商・2次流通店）

地金商《じがねしょう》やその他の貴金属2次流通店では、金地金や金貨、金のアクセサリーなどを直接購入できます。これらの店舗では、実際に現物の金を手に取って確認できるため、安心感を持って購入できるのが特徴です。

地金商とは、オリジナルブランドの地金を製造しているメーカーのことで、代表的な企業として、田中貴金属工業株式会社や株式会社徳力本店などが挙げられます。2024年12月時点で、23社の地金商が一般社団法人日本金地金流通協会の正会員として登録されています。

地金商から金地金を購入する場合、基本的にそのメーカーが製造するブランド地金のみが取り扱われ、購入できるのは新品に限られるため、非常に信頼性の高い商品が提供されます。ただし、価格が高くなる点がデメリットです。

一方で、その他の貴金属2次流通店では中古品（2次流通品）を扱っているため、ブランドの指定ができない場合もありますが、比較的安価に購入できる点がメリットです。なお、2次流通店で購入した地金でも、売却時にその価値が下がることはありません。金の売却時には、地金が新品か中古かに関わらず、「金」としての価値で評価されるためです。ただし、ブランド地金の場合、製造元である地金商に売却すると、通常よりも若干高く買い取ってもらえる場合もあります。このように、金はその性質上、ブランド品や時計などの「中古品・2次流通品」とは異なり、流通経路による価値の違いが少ないといえます。

・例

田中貴金属、徳力本店などの地金商や、地元の信頼できる貴金属2次流通店が挙げられます。

・購入方法

店舗に直接訪れて購入する方法が一般的です。また、最近ではオンラインでの注文や宅配サービスを利用して金を購入することも可能です。購入時には、重さや純度、刻印などの確認が重要です。

・特徴

現物を直接受け取れるため、手元に資産として保有できる安心感があります。また、専門店では購入後のアフターサービスや金の売却時のサポートも受けられることが多いです。

② 銀行や証券会社

銀行や証券会社では、対面取引を通じて金の関連商品を購入できます。これには、金地金や金ETF、金先物、金の関連株式や投資信託など、さまざまな投資商品が含まれます。

また信託銀行は、資産管理や運用に関する専門的なサービスを提供する機関で、金の購入や保管、さらには信託による資産管理も行います。信託銀行を通じて金を購入することは、とくに長期的な資産保全や相続対策を考えている人にとって有効です。

・特徴

対面での相談が可能なため、個別のニーズや目標に合わせた投資プランを立てやすいです。とくに初心者や大口の投資家にとって、専門家のアドバイスを受けながら投資できる点は大きなメリットです。また信託銀行は厳格な規制の下で運営されており、保管や管理の信頼性が非常に高いです。銀行の貸金庫サービスと組み合わせて金の保管を依頼することもできます。一方で、対面でのサービスには手数料がかかることが一般的です。オンライン取引に比べて取引手数料が高くなる場合があります。

③オンライン証券・投資プラットフォーム

最近では、インターネットを通じて金を購入できるオンライン取引プラットフォームが増えています。これらのプラットフォームでは、金地金や金ETF、金先物など、さまざまな金の投資商品を取り扱っています。

オンラインプラットフォームを使うことで、自宅にいながらスマートフォンやパソコンを通じて簡単に金に投資することができます。さらに、低コストでの取引が可能なため、手数料を抑えつつ効率的に金投資ができます。

・例

楽天証券、SBI証券、マネックス証券など、日本国内のオンライン証券会社が提供するプラットフォーム。また、海外のサービスでは、BullionVaultやGoldmoneyなどがあります。

・購入方法

オンラインでの口座開設後、ログインして希望の金商品を選び、注文を出すことで購入が完了します。スマートフォンやパソコンから簡単に取引ができ、24時間注文が可能な場合もあります。

・特徴

手軽に取引ができるため、忙しい人や場所に関係なく投資を行いたい人にとって便利です。また、金の価格をリアルタイムで確認できるため、タイミングを見計らっての売買がしやすいです。

これらの選択肢のなかから、自分の投資目的や資産運用の方針に合った方法を選ぶことが重要です。購入場所によって手続きやリスク、コストが異なるため、それぞれの特徴をよく理解したうえで金投資を進めることをお勧めします。

④百貨店やコレクター向け市場（金工芸品やアンティーク品など）

百貨店の催事やコレクター向け市場では、特別な価値が付加された金製品（工芸品や歴史的価値のある貴金属アンティーク品など）を購入できます。これらの商品は、投資用の地金や金貨とは異なり、投資目的だけでなく、美術的な価値やコレクションとしての魅力を重視する人に適しています。

たとえば、純金製の仏具や神具、酒器や食器などは、美術的・実用的な付加価値がある工芸品です。また、アンティーク金貨やジュエリーには、特別な希少価値や歴史的な背景を持つものもあります。これらの商品は、「金そのものの価値」を超えた価格で取引されることもあり、時間の経過とともにその価値がさらに高まる可能性もあります。また、見る・使う・身に着けるなど、投資用地金にはない多様な楽しみ方ができる点も、大きな魅力です。コレクションとして楽しみながら、売却時に地金以上の価値が評価され、予想以上の利益を得られることもあります。

しかし、希少価値の高い製品は市場での流動性が低く、売却に時間がかかる場合があります。このため、短期的な売買には向かない面がある点に注意が必要です。こうした背景から、金工芸品やアンティーク品は、純粋な投資目的というよりも、コレクションや美術品として楽しみたい人に適した選択肢といえるでしょう。

16 アクセサリーの金も資産になる？

金のアクセサリーは資産としての価値を持ちますが、その評価は金の純度や重量だけでなく、デザインやブランド、そして市場の流動性といった多くの要因によって決まります。そのため、金のアクセサリーを資産とみなす場合には、金地金や金貨とは異なる視点から評価することが求められます。

金そのものに一定の価値がある

まず、金そのものの特性に注目すると、歴史的に金はその価値を保ち続けてきた貴金属です。第2章でも見てきたとおり、古代から現代に至るまで、金は富や権力の象徴として用いられ、国家の外貨準備の一部としても重要な役割を果たしています。こうした背景から、**金のアクセサリーもまた、金の純度や重量にもとづいた一定の価値**

を持つことが保証されています。金は、腐食しにくく、希少な物質のため、時間が経っても価値を失いにくいという強みを持っています。

アクセサリーとしての付加価値

つぎに、アクセサリーとしての付加価値について考えてみましょう。金のアクセサリーは、素材としての金の価値にくわえて、**デザイン性やブランド力、そして工芸品としての価値が加わります。**高級ブランドが手掛ける金のアクセサリーは、その金の価値以上に評価されることが多く、希少性や職人の技術、ブランドの歴史などがその価値をさらに高めています。このように、アクセサリーとしての金は、単なる投資用金属とは異なり、文化的・芸術的な価値も考慮されるため、その評価は非常に多面的です。

市場の動向に左右される

また、市場での金の価格も重要な要素です。金の価格は国際的な需給関係や為替相場、さらには経済・政治情勢によって影響を受けます。後述しますが、経済が不安定な時期には金の価格が上昇する傾向があり、逆に安定期には価格が下落することもあります。したがって、金のアクセサリーの価値もこうした市場の動向に左右されることがあります。

さらに、金のアクセサリーが資産として認識される場合、その流動性も考慮する必要があります。金地金や金貨は比較的容易に市場で現金化することが可能ですが、アクセサリーの場合はデザインやブランド、保存状態、さらにはその時々の市場の需要により、現金化が難しい場合もあります。**売却の際には、アクセサリーの鑑定や評価が必要であり、金地金や金貨に比べて手続きが複雑であることも資産価値の観点から考慮すべき**点です。

総じて、金のアクセサリーは資産としての価値を持ちうる一方で、その価値は純粋な金の価格だけでなく、デザインやブランド、流動性などの要因によって大きく影響されます。したがって、金のアクセサリーを資産として保有する際には、これらの要素を総合的に理解し、長期的な価値保全の手段としてのポテンシャルと、即時の現金化や流動性リスクとをバランスよく考えることが重要です。

17

「インゴット」ってなに？

金属を精錬した長方形の塊

ここで改めて「**インゴット**」とは何を指しているのか説明します。インゴットとは、金属を精錬して固めた長方形の塊のことで、とくに金や銀などの貴金属の保存や取引において広く用いられています。インゴットはその形状から「**地金**《じがね》」とも呼ばれ、主に投資や貯蔵の目的で保有されることが一般的です。この金属の塊は、装飾やデザインが施されることはなく、純粋にその素材の価値に基づいて取引されるため、とくに金価格の変動に非常に敏感です。

金のインゴットの表面には、メーカー商標、重量、純度、素材、固有番号が一般的に刻印されています。インゴットは、その純度がきわめて高いことが特徴で、通常は99・99%の純金で構成されています。この高純度の金インゴットは、投資家や中央銀行、さらには大企業などが資産として保有することが一般的です。インゴットの重量には多様な選択肢があり、1グラム程度の小さなものから、1キログラムを超える大型のものまで存在します。小型のインゴットは個人投資家に人気があり、比較的手軽に購入することができます。一方、大型のインゴットは主に機関投資家や国際取引で使用されます。

流動性が高く短期間で現金化できる

インゴットが貴金属の保有形態として広く受け入れられている理由の一つに、その取引の容易さが挙げられます。インゴットは、純金の含有量が明確であり、そのため市場での流通が非常にスムーズです。国際市場では、金の価格がリアルタイムで取引されており、インゴットもその市場価格に応じて売買されます。この市場価格は「ロンドン金価格（London Gold Fixing）」と呼ばれる基準価格や、ニューヨーク商品取引所（COMEX）での先物取引価格によって決まります。このような市場での価格設定により、インゴットは非常に流動性の高い資産とされ、短期間で現金化することが可能です。

　また、インゴットは物理的に保有できるため、デジタル資産や株式とは異なる形で安心感を提供します。実際に手に取ることができる資産であるため、とくに不動産や株式市場が不安定な時期には、その存在感が際立ちます。これにより、物理的な資産としての信頼性が高まり、とくに長期的な保有を目的とする投資家にとって魅力的な選択肢となります。

　ただし、インゴットを保有するにはいくつかの課題もあります。まず、物理的な保管場所が必要です。とくに大規模にインゴットを保有する場合、安全な保管場所や保険の費用がかかることがあります。さらに、インゴットを現金化する際には、売却時の手数料や税金が発生することも考慮しなければなりません。

18 現物の金はどう保管する？

現物の金を保管する際には、いくつかの選択肢があり、それぞれに利点と課題があります。安全性、利便性、コストの観点から最適な方法を選ぶことが重要です。以下に、現物の金を保管するための主な方法を挙げ、それぞれの特徴を説明します。

自宅での保管

自宅で現物の金を保管する方法は、最も直接的で手軽な選択肢です。たとえば、耐火金庫を利用して自宅の安全な場所に保管することが考えられます。これにより、金にいつでもアクセスできる利便性が得られます。また、自宅での保管は外部サービスを利用しないため、保管料や管理費がかからない点も利点です。

ただし、自宅保管にはいくつかのリスクも伴います。まず、盗難のリスクが最も大きな懸念点です。とくに多額の金を保有する場合、第三者にその存在が知られることは避けるべきです。さらに、火災や自然災害などによる損失の可能性も考慮しなければなりません。こうしたリスクに対処するためには、耐火金庫の設置や保険への加入が推奨されますが、これらのコストがかさむこともあります。

銀行の貸金庫

銀行の貸金庫を利用する方法は、より安全性の高い選択肢の一つです。銀行はセキュリティが厳重であり、盗難や火災、自然災害からの防護が期待できます。貸金庫の利用によって、自宅での保管リスクを回避しつつ、比較的手軽に金を管理できるのが利点です。

一方で、銀行の貸金庫にはコストがかかります。年間のレンタル料が発生し、貸金庫のサイズによってはその費用が高くなる場合もあります。また、銀行の営業時間内しかアクセスできないという制約があるため、急な現金化が必要な場合には不便を感じることがあります。さらに、銀行が破綻した場合の対策についても事前に確認しておくことが必要です。

貴金属業者の保管サービス

貴金属業者の保管サービスを利用する方法も、セキュリティが非常に高い選択肢です。これらの業者は、金やその他の貴重品を保管するために設計された特別な施設を運営しており、厳重なセキュリティシステムを備えています。また、多くの場合、保管されている金は保険に加入されており、万が一の際にも補償が受けられる点が魅力です。

これらの保管サービスを利用する際のデメリットとしては、保管料や保険料がかかることが挙げられます。また、銀行の貸金庫と同様に、金を急に引き出す必要がある場合に対応できないこともあります。さらに、サービスを提供する事業者の信頼性については慎重に確認する必要があります。信頼できる業者を選ぶために、評判や顧客レビューをチェックすることが重要です。

カストディアン（受託者）サービス

一般の貴金属購入者にとっては少しマイナーな手段ですが、カストディアンとは、金融機関や信託銀行が提供するサービスで、投資家に代わって資産を安全に保管し、管理する役割を果たします。カストディアンを通じて金を保管することで、資産の安全性が高まり、また信頼性の高い管理が行われます。とくに、複数の資産を管理する場合や、大口の投資家にとっては、この方法が適しています。

カストディアンサービスを利用する際には、費用が発生する点に注意が必要です。また、この方法も現物の金にすぐアクセスできない可能性があるため、流動性を確保するためには、ほかの方法と組み合わせて利用することが考えられます。

現物の金を保管する方法には、自宅での保管、銀行の貸金庫、貴金属専門業者の保管サービス、カストディアンサービスといった選択肢があり、それぞれに利点と課題があります。自宅保管はコストがかからず手軽ですが、盗難や災害のリスクが高いです。銀行の貸金庫や専門業者を利用すれば安全性は高まりますが、コストがかかり、即時のアクセスが難しい場合があります。カストディアンサービスは大規模な保有に適していますが、同様に費用とアクセスの面での制約があります。

保管方法を選ぶ際には、保有する金の量や目的、そして自身のリスク許容度を考慮し、最適な方法を選択することが重要です。たとえば、長期的な資産保全を目的とする場合には、銀行や専門業者を利用するのが適しているかもしれません。一方で、すぐにアクセスできる資産として保有したい場合には、自宅での保管がよい選択肢となることもあります。いずれにせよ、保管のリスクとコストを十分に理解したうえで、最適な保管方法を選ぶことが、現物の金を安全かつ効果的に運用するための鍵となります。

19

「ゴールドETF」ってなに？

第3章では金投資の方法をいくつかご紹介しましたが、ここではとくに「ゴールド（金）ETF」についてくわしく解説します。「ゴールドETF（Exchange Traded Fund）」とは、金（ゴールド）の価格に連動する上場投資信託のことを指します。ETFは証券取引所に上場されており、株式と同じように売買することができます。ゴールドETFは、投資家に金の価格変動に直接投資する手段を提供し、金を現物として保有することなく、金投資の利益を得ることができる商品です。

ゴールドETFの仕組み

ゴールドETFは、投資家から集めた資金を使って金を購入し、その金の価値を反映したETFの証券を発行します。この証券は、証券取引所で株式と同様に取引されます。ゴールドＥＴＦの価格は、金の市場価格に連動するように設計されており、金の価格が上昇すればＥＴＦの価格も上昇し、逆に金の価格が下落すればＥＴＦの価格も下がるという仕組みです。

ＥＴＦのもととなる金は通常、信託銀行などの保管場所に物理的に保管されていますが、一部のゴールドＥＴＦは現物の金を直接保有せず、金の先物取引やオプションなどのデリバティブを通じて金の価格に連動する場合もあります。いずれにせよ、投資家は金の実物を受け取るわけではなく、ＥＴＦの価格変動を通じて金の価値に投資することになります。

ゴールドETFのメリット

ゴールドＥＴＦのメリットをくわしく見ていきます。

・流動性

ゴールドＥＴＦは証券取引所で取引されるため、株式と同様に容易に売買が可能です。市場が開いている限り、好きなタイミングで売却して現金化することができます。

この流動性の高さは、金の現物を保有する場合のような売却時の困難さや手間を避けることができる点で大きなメリットです。

・現物保管リスクがない

ゴールドＥＴＦを通じて金に投資する場合、現物を保有する必要がないため盗難や紛失のリスクを回避できます。資産を安全に管理する手段としても優れています。

・少額投資が可能

ゴールドＥＴＦは１口単位で取引できるため、少額から投資できます。金の現物を購入するには資金が足りない投資家でも、手軽に金に投資できます。

・透明性

ゴールドＥＴＦは取引所に上場しているため、価格や取引状況がつねに公開されており、投資家はリアルタイムで情報を確認できます。また、ＥＴＦの運営会社は、保有する金の量や運用状況について定期的に報告するため、投資家は自分の投資がどのように運用されているかを把握することができます。

ゴールドETFのデメリット

メリットに続いて、デメリットも確認しましょう。

・管理費用

ゴールドETFには運用管理費用がかかります。これはETFの保有期間中に年率で課される費用で、ETFの価値から差し引かれる形で反映されます。運用管理費用は、長期的に保有する場合は注意が必要です。

・現物金の保有権がない

ゴールドETFは金の価格に投資するものであり、投資家が実際に金の現物を保有するわけではありません。つまり、ETFを通じて金に投資しても、金そのものを受け取ることはできないため、実物資産を所有する安心感を得ることはできません。

20 「金先物取引」ってなに？

続いて、「金先物取引（金先物）」についてくわしく解説します。

「金先物」とは、金を将来の特定の時点で、あらかじめ定められた価格で売買する契約（先物契約）のことを指します。これは、投資家が将来の金価格の変動を予測し、その予測に基づいて利益を得ようとする取引手段の一つです。先物取引は、金を現物で受け渡すことを目的とする場合もありますが、多くの場合は金の現物を手にすることなく、契約期間中にその差額で利益を得るためのものです。

金先物の基本的な仕組み

金先物取引では、投資家は将来の特定の日付（満期日）に金を一定の価格で売買する契約を結びます。この契約は、通常、取引所で行われ、取引所が契約の履行を保証し

値上がり（買い）投資の計算例　※買いは値段が上がれば利益

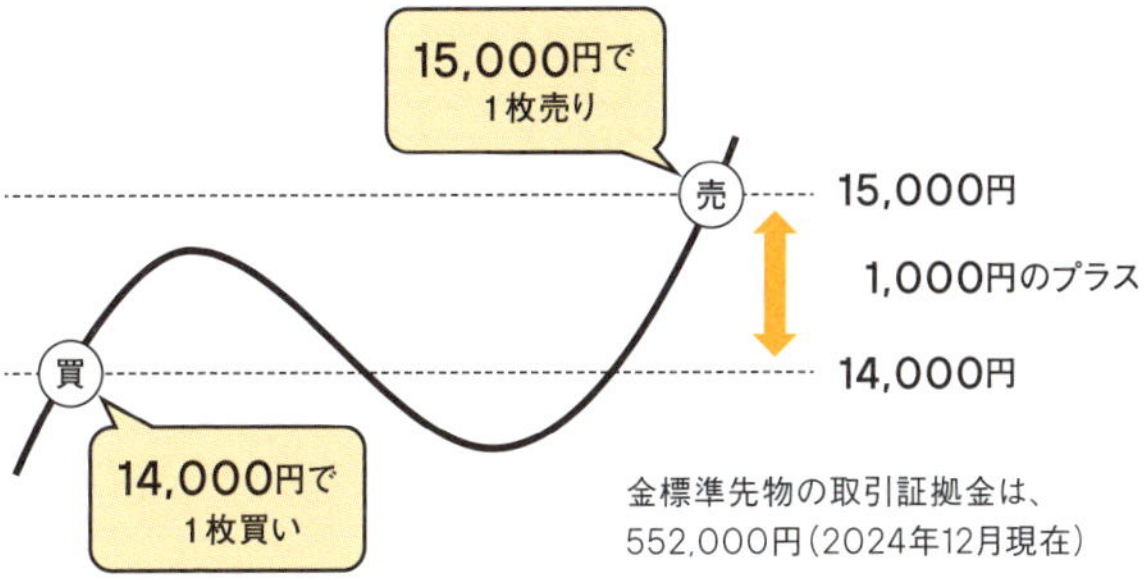

1枚あたりの利益

値動き		取引単位		売買枚数		
1,000円	×	1,000g/枚	×	1枚	=	1,000,000円

1,000,000円 － 手数料 ＝ 1枚あたりの利益

ます。投資家は、契約が満期を迎える前にポジションを反対売買（売りなら買い、買いなら売り）することができ、利益または損失を確定させることができます。

たとえば、現在の金価格が1グラムあたり1万4000円で、3か月後に1万5000円に上昇すると予測している場合、投資家は1万4000円で金を購入する先物契約を結ぶことができます。3か月後、実際の金価格が1万5000円に達した時点で、その差額で利益を得ることが可能です。一方で、予測が外れて金価格が下落した場合には損失が生じます。

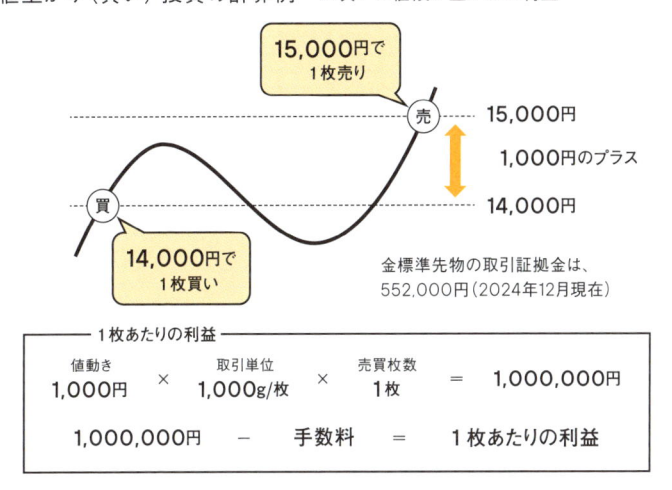

金先物の目的と用途

金先物は、主に以下の二つの目的で利用されます。

・「投機」としての金先物

投資家は金価格の将来の変動を予測し、その価格変動を利用して利益を得ようとします。たとえば、金価格が上昇すると思えば、先物を買い（ロングポジション）、下落すると予測すれば売り（ショートポジション）を行います。成功すれば大きな利益が得られますが、予測が外れた場合には大きな損失を被るリスクもあります。先物取引はレバレッジ（証拠金を使って取引額の数倍に相当する投資を行うこと）が効くため、少額の資金で大きな取引ができる反面、リスクも高まります。

・「リスクヘッジ」としての金先物

金を扱う企業や投資家は、金価格の変動による損失を防ぐために先物を利用します。たとえば、金鉱会社は将来の生産に対する売却価格を確定させるために、金先物を売ることができます。これにより、金価格が下落した場合のリスクを回避することができます。逆に、金を大量に使用する製造業者は、金の価格が上昇するリスクを避けるために、先物を買っておくことができます。

金先物のメリットとデメリットをまとめると以下のとおりとなります。

金先物のメリット

・レバレッジ効果

先物取引では証拠金を使って取引が行われるため、少額の資金で大きな取引が可能です。これにより、金価格の変動に対して高い利益を狙うことができます。

・ヘッジ手段としての有効性

金先物は、金価格の変動リスクを管理するための効果的なヘッジ手段です。価格変動の影響を抑えたい企業や投資家にとって、先物はリスク管理の重要なツールとなります。

・流動性の高さ

金先物市場は非常に流動性が高く、大規模な取引も迅速に行うことができます。これにより、必要なタイミングでのポジションの変更や利益確定が容易です。

金先物のデメリット

・レバレッジにより初期投資額以上の損失が生じる可能性がある

先物取引では、レバレッジ効果を活用すると、少ない資金で効率的な投資ができますが、その反面、証拠金を超える金額の取引ができるため、状況によっては初期投資を上回る損失を被るリスクがあります。このため、先物取引を行う際は、相場の動向や自身の資金状況に細心の注意を払い、適切に投資額をコントロールすることが必要です。レバレッジ取引のリスクという点ではＦＸ取引に近い性質があり、イメージしやすいかもしれません。

・複雑な仕組み

先物取引は、契約の満期日や証拠金の維持など、複雑な要素が多く、初心者には理解しづらい面があります。適切な知識と経験がないと、リスクを適切に管理するのが難しいことがあります。

・現物引渡しのリスク

一部の先物契約は現物引渡しを伴うため、契約の満期時に実際に金を受け取るか、逆に金を引き渡さなければならない場合があります。これは、金の保管や輸送にかかるコストや手間を考えると、とくに投機目的で取引している投資家にとって負担となる可能性があります。

金先物は、将来の金価格に投資する手段として、投機やヘッジの目的で広く利用されています。その高いレバレッジ効果や流動性から大きな利益を得るチャンスがありますが、同時に高いリスクも伴います。本書では金の投資初心者に向けた内容として、基本的には現物もしくはＥＴＦなど現物に紐づく取引からはじめることをおすすめします。

COLUMN

魅力的なカラー・ゴールドの世界

ゴールドといえば、伝統的に輝く黄色を思い浮かべる方が多いかもしれませんが、じつは金にはさまざまな色合いがあり、「カラー・ゴールド」と呼ばれるバリエーションが存在します。カラー・ゴールドの色や特徴は、含まれる金属の種類や割合によって異なり、それぞれに独自の魅力があるのです。

たとえば、ピンクゴールドは銅を多く含むことで、優しい赤みを帯びた色合いになります。温かみがあり、ロマンティックでエレガントな印象を持つため、婚約指輪やファッションジュエリーとして非常に人気が高く、愛や絆を象徴する色としても選ばれることが多いです。肌なじみがよいことから、幅広い年齢層に適しており、日常のおしゃれをさりげなく楽しむアイテムとしても適しています。

一方、ホワイトゴールドは金にパラジウムやニッケルを加えて銀白色にしたもので、シンプルながらも洗練された高級感が漂うカラーです。プラチナの代替としてもよく使われており、その美しい銀白色は結婚指輪やビジネスシーンにもふさわしい色合いです。

また、珍しいカラーとしてグリーンゴールドがあります。これは金に銀を加えることで、青みがかった独特の色合いを生み出しており、自然や穏やかさを象徴する色です。この柔らかなグリーンは通常のゴールドと異なる雰囲気を持ち、個性的なジュエリーとして注目されていますが、加工しやすい反面、傷がつきやすい点には注意が必要です。

このように、カラー・ゴールドの世界は無限の可能性を秘めています。それぞれの色合いには技術や工夫が詰まっており、歴史や文化と結びついている点も見逃せません。ジュエリーを選ぶ際には、見た目の美しさだけでなく、素材や製造技術、歴史的背景にも目を向けてみると、さらに奥深い魅力が感じられるでしょう。多彩なカラー・ゴールドの存在は、私たちにさまざまな選択肢とジュエリーの楽しみ方を提供してくれるのです。

第4章まとめ

- □ 金の購入方法には現物購入のほか、ＥＴＦ投資などがある。
- □ 保管方法は自宅、銀行貸金庫、専門業者サービスが選択肢となる。
- □ 銀行貸金庫は安全性が高いが、利用料が発生する。
- □ 自宅保管は手軽だが盗難リスクがある。
- □ 保管方法はリスク許容度と目的に応じて選ぶべきである。

第5章

金の「売り方」の基本

21

金のかしこい売り方は？いつ、どう売る？

第5章では、金の「売り方」について、ご紹介します。

金の売却方法については目的に応じたさまざまな方法や考え方があり、自身の投資目的に合ったタイミングを考える必要があります。本書が推奨するのは現物の金、または現物に紐づく金商品（投資信託など）を長期的に保有して、資産ポートフォリオの多角化・低リスク化を目指すことであり、短期的な相場の上昇・下落やリスクの大きい先物取引によって利益獲得を目指すことではありません。

したがって原則的には金の売却についてもあくまで現金が必要になったときに必要なぶんだけ売却する、または、自身のポートフォリオを見直す際に、必要な量だけ売却することを前提にすべきであると考えます。

売却のタイミングを見極めることはできるか

一般論として売却時期を考えるにあたっては売却時の利益を最大化するため、金の価格が最も高騰しているタイミングで売却するのがよいといえるでしょう。

金の価格はさまざまな要素の影響を受けます（第6章で詳述）。たとえば、インフレ、経済不安、地政学的緊張の高まり、世界的な低金利政策の動きなどは歴史的に見ると金の価格を上昇させる要因となっており、そのような状況で金の価格が高まっているようであれば売却のタイミングとしては適切かもしれません。

ただし、基本的に金の価格予測は相当に困難なものです。現在の価格が売却に最適なものかどうかを見極めるのは、相当難しいといわざるを得ないでしょう。

その点も踏まえると、基本的には相場を「読む」ことで適切な売却タイミングを見極めようとするのではなく、あくまでも売却を前提としない長期保有を目的とした投資を続け、売却のタイミングは「必要な現金化のため売却」か「ポートフォリオ見直しのための売却」に限定するのが、本書の読者にとっては最適な投資スタイルであると考えています。

22 利益確定や損切りはどう考えればいい？

金投資において、「利益確定」や「損切り」も多くの投資家にとって重要なテーマです。しかし、ここでもやはり本書が推奨する長期的な資産保全を目的とした金投資の視点からは、これらの概念は少し異なるアプローチで考えるべきです。

「利益確定」について

「**利益確定**」とは、投資した資産が一定の利益を生んだ段階で売却し、利益を確定させる行為を指します。株式投資や不動産投資では、価格が上昇したタイミングで売却し、利益を確保することが一般的です。自身のポートフォリオにおいて経済的不安やインフレに対するヘッジ（保険）の役割を果たすために金を保有する場合、利益を確定させるために保有する金を売却することは必ずしも最適な選択とはいえません。

何らかの理由で金の保有割合を調整する必要がある場合や、ほかの投資機会を得るために資金が必要な場合には、利益確定を検討するのもいいでしょう。この場合でも、すべてを売却するのではなく、必要な分だけを売却することで、金の保有によるリスク分散効果を維持しつつ、利益を確保することが推奨されます。

「損切り」について

「損切り」とは、投資した資産の価値が下落した場合に、それ以上の損失を防ぐために売却して損失を確定させる行為です。金投資においても、価格が下落した際に損切りを行うべきかどうかという問題が浮上します。

本書が推奨する長期的な視点から見ると、金は経済的な安全資産としての役割を果たすため、短期的な価格下落に対して過度に反応して損切りを行うことは適切ではないと考えられます。埋蔵量に限りがある金の価格は長期的に見れば上昇傾向にある場合が多く、とくに不安定な経済状況下ではその価値が再び上昇する可能性が高いからです。

そのため、金の価格が一時的に下落したとしても、焦って売却するのではなく、当初の目的に立ち返り、長期的な視点での保有を続けることが推奨されます。仮に現金が必要な場合でも、最低限の金を売却することでリスクヘッジの効果を保ちながら、必要な資金を確保することが可能です。

ポートフォリオ全体のバランスを考慮する

利益確定や損切りを検討する際には、金だけでなく、ポートフォリオ全体のバランスを考慮することが重要です。金はほかの資産クラスと異なる動きをすることが多いため、全体のリスクを軽減する効果があります。したがって、金の割合を適切に維持することが、ポートフォリオ全体の安定性を保つ鍵となります。

たとえば、ほかの資産クラスが急激に減少している場合、金の割合が相対的に高くなることがあります。このような状況では、金の一部を売却してほかの資産に振り分けることも考えられますが、その際も、金の保有割合が自身の設定する理想的なポートフォリオに対して極端に減少しないよう注意が必要です。

資産のバランス

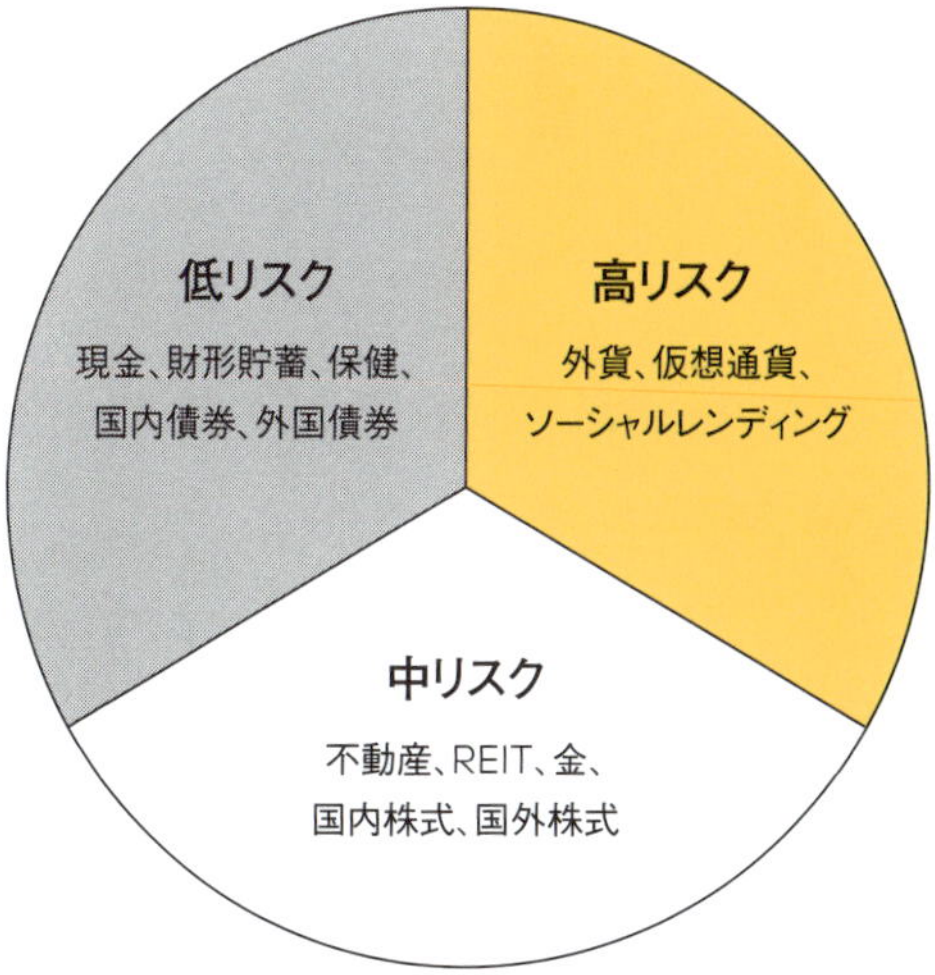
低リスク
現金、財形貯蓄、保健、
国内債券、外国債券
高リスク
外貨、仮想通貨、
ソーシャルレンディング
中リスク
不動産、REIT、金、
国内株式、国外株式

23 金投資にはどのような税金がかかる？

売却したときの税金「譲渡所得税」

金の売却によって得られた利益（売却益）には、「譲渡所得税」がかかることがあります。譲渡所得税には、短期譲渡所得と長期譲渡所得の2種類があり、保有期間によって課税対象となる「所得金額」の計算方法が異なります。

・短期譲渡所得

金を購入してから5年以内に売却した場合、その利益は短期譲渡所得として扱われます。この場合、課税所得は「売却額－購入額－特別控除50万円」となります。

・長期譲渡所得

金を5年以上保有した後に売却した場合、その利益は長期譲渡所得として扱われます。この場合、課税所得は「(売却額－購入額－特別控除50万円)×1／2」となり、短期譲渡所得に対して有利であることがわかります。

短期譲渡所得・長期譲渡所得のいずれであっても、総合課税として課税所得がすべての所得と合計して計算される点は同様で、所得税の最高税率は45%、住民税は一律10%です。

なお、金の売却による利益を計算する際に、たとえば両親や祖父母から相続した金を売ったときなど、購入当時の金額がわからない場合はどうなるでしょうか。この場合、「売った金額の5%」を、購入時の金額として計算することとされています。

たとえば、1000万円で売却した金の購入当時の金額がわからない(利益がわからない)場合の計算を単純に示すと、以下のとおりとなります。

1000万円－(1000万円×5%)＝950万円(＝課税対象の利益)

この場合は、950万円が税金の対象となります。このように、買った金額が不明の場合は、税金を計算するうえで非常に不利になることがわかります。

相続・贈与したときの税金「相続税・贈与税」

金（金地金・金貨）も相続・贈与できますが、ほかの相続資産と同様に相続税・贈与税の課税対象となります。また自宅で所有する現物を相続・贈与する場合だけでなく、純金積立やジュエリー・美術品を相続する場合でも課税対象となります。

・相続税

相続によって金を取得した場合、金の相続税評価額は時価（相場）で決定されます。この時の時価とは金を購入したときの価格ではなく、被相続人が亡くなった日の価格です。そのため相続の際は被相続人が亡くなった日の金の買取単価を調べて、重量に応じた相続税評価額を算出する必要があります。相続税評価額が算出されたら、ほかの相続財産と合算して相続税が計算され、基礎控除額を超える部分に対して相続税が課されます。ここは金以外の財産相続の場合と計算方法は同じです。

金を相続する場合には相続税評価額が、被相続人が亡くなった日の時価で評価されることを覚えておきましょう。

・贈与税

金は、親や祖父母などが子どもに贈与できます。この場合、受け取った子どもは贈与税の対象となりますが、贈与税は基礎控除が110万円で、年間の受贈額が110万円以下であれば非課税となり、贈与税の申告も不要です。相続ではなく贈与を考える場合で贈与税の課税を避けたいのであれば、年間の受贈額が110万円を超えないようにしましょう。

また、毎年同額を贈与するケースは定額贈与とみなされ、年間110万円以下の範囲であっても贈与の合計金額に贈与税が課税されることがありますので、注意が必要です。

なお、事業所得税についての解説は、本書は個人として金に投資する方を対象としているため省略します。また課税についての計算や記載は、解説のために一部簡略化しています。実際の売買や相続・贈与に当たっては必ず税理士を通して、またはご自身で最新の情報を確認のうえ、売買や相殺・贈与税の申告を行うようにしてください。

COLUMN

金とリーバイスの意外な関係

一見無関係に思える「金」とデニムブランド「リーバイス（LEVI'S）」ですが、じつはアメリカの歴史の中で深い結びつきを持っています。その関係は、19世紀半ばにアメリカ西部で起きたゴールドラッシュまでさかのぼります。この時代、多くの人々がカリフォルニアに移住し、一攫千金を夢見て金鉱探しに熱中しました。このゴールドラッシュの熱狂の中で誕生したのが、後に「ジーンズの代名詞」となるリーバイスです。

ブランドの創設者であるリーバイ・ストラウスは、若きドイツ移民としてサンフランシスコに渡り、ゴールドラッシュで沸く街で事業を興しました。彼は、過酷な金鉱現場で働く鉱夫たちが耐久性のある作業服を必要としていることに気づき、頑丈なキャンバス地でつくった作業用パンツを開発します。このパンツはすぐに鉱夫たちの間で評判となり、人気商品となりました。その後、さらに改良を重ね、キャンバス地から丈夫なデニム生地へと切り替え、ポケットの強度を高めるためにリベットと呼ばれる金属パーツを取り入れました。これにより、過酷な労働にも耐える服として鉱夫たちから強い支持を集め、リーバイスは金鉱の現場に欠かせないアイテムとなったのです。

リーバイスの誕生には、このように金鉱と結びついた背景があり、金との関係は単に素材や商業性にとどまらず、象徴的な意味を持つようになりました。ゴールドラッシュが生み出した偶然の産物としてのリーバイスは、やがてアメリカンカルチャーの象徴へと発展し、現代に至るまでその精神を伝え続けています。金を求める人々の挑戦や夢を背景にしたリーバイスは、ただのデニムブランド以上の存在として、いまもなお多くの人々に愛され続けています。

この歴史的な結びつきは、単なる服飾ブランドの誕生という枠を超えて、金がいかに人々の生活や文化に影響を与えたかを示す象徴的な逸話といえるでしょう。ゴールドラッシュがアメリカにもたらした変革は、リーバイスというブランドの礎を築き、金がいかに社会を変え得るかをいまに伝えています。

第５章まとめ

- □金の価格を正確に予測することはできない。
- □売却は資金化やポートフォリオ調整の必要に応じて行う。
- □金の流動性は高く、迅速な売買が可能である点が特徴。
- □売却時の税は保有期間により税率が異なり、短期は高税率。
- □長期保有の売却益は１／２課税が適用され、税負担が軽減される。

第6章

金の価格はどうやって決まる？

24 金の価格はどうやって決まる？変動要素は？

価格は需給バランスで決まる

金の価格は、国際市場における需給のバランスによって決まります。

第2章で説明したとおり、金は宝飾品や工業用途、そして投資対象として広く利用されており、これらの需要が価格に直接影響を与えます。とくに、投資需要は金ETFや金地金の購入を通じて顕著に現れ、市場の大きな変動要因となります。

たとえば、2008年の世界的な金融危機は、金の需要と価格に大きな影響を与えました。株式市場が急落し、投資家がリスク資産から安全資産へと資金をシフトしたことで、金の需要が急増しました。その結果、金価格は2008年後半から2009年初頭にかけて急激に上昇し、2008年9月には850ドル台だった金価格が、

リーマン・ショック後のダウ平均株価

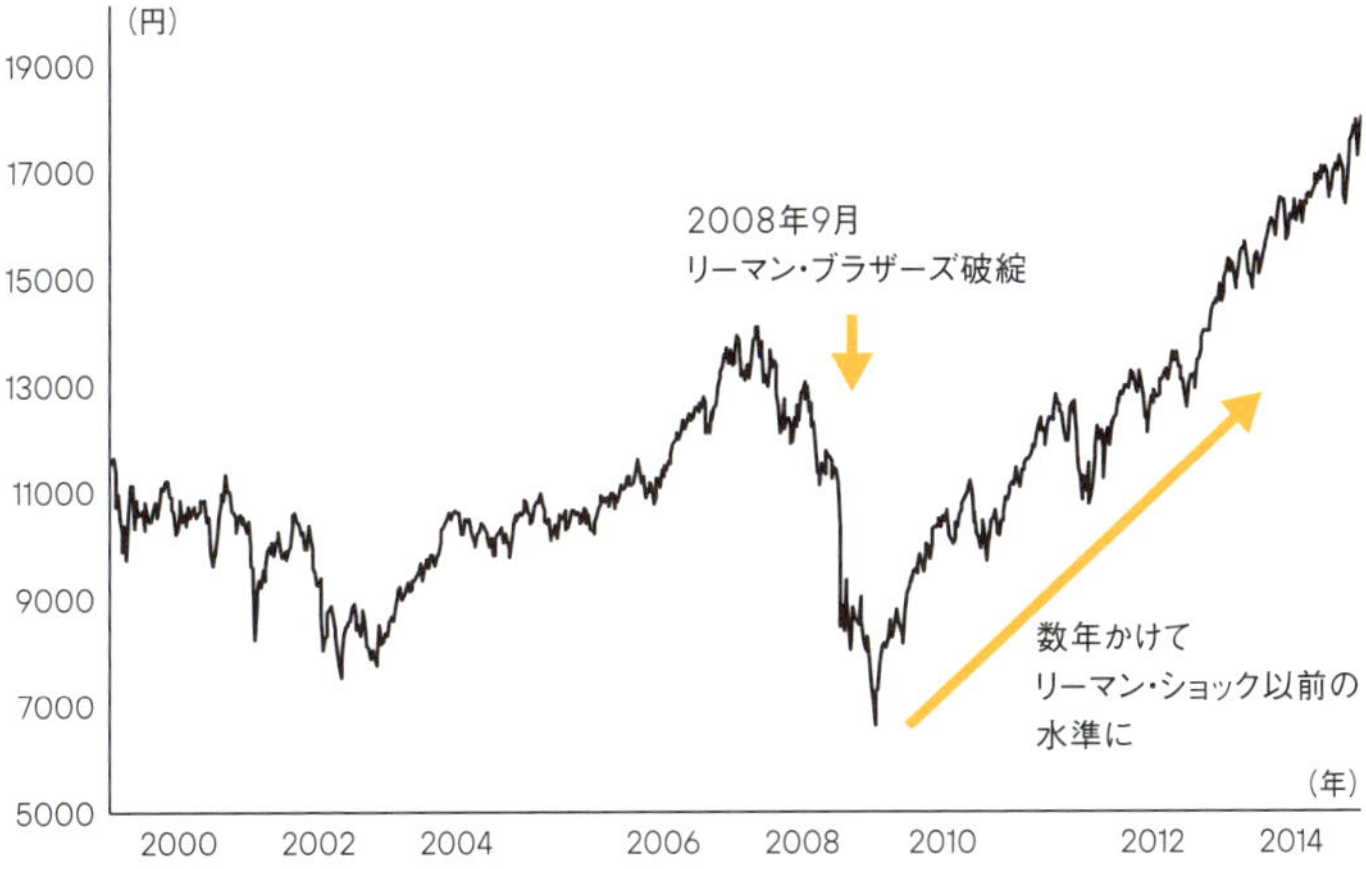

出所：TRADING ECONOMICSのデータをもとにアプレ作成

リーマン・ショック後の金価格推移

出所：TradingViewのデータをもとにアプレ作成

２０１１年には１９００ドルを超えるまでに上昇しました。

また、反対に金の価格が下落した例もあります。２０１３年、インド政府は金の輸入規制を強化し、金の輸入関税を引き上げました。これは、インドの貿易赤字を削減するための措置でしたが、この規制により、インド国内の金需要が一時的に減少し、金価格は大幅に下落しました。この時、２０１３年４月から７月の間に金価格は、１オンスあたり１４００ドルから１２００ドル台へと急落しました。インドは中国と並んで世界で最も金の消費量が多い国であり、インドの需要の増減が金の価格に与える影響がとても大きいことがわかります。

一方、供給側では、鉱山からの新規生産とリサイクル金の供給が主要な要素です。鉱山生産は新しい金の供給を担い、リサイクル金は既存の金の再利用を通じて市場に流入します。金の供給量が制限されたり、需要に対して供給量が足りない場合は、金の価格が高騰する要因になります。反対に、需要に対して供給量が多い場合は価格を押し下げることがあります。

供給量が価格に影響した事例として、２０１２年、南アフリカで金鉱山の労働者が大規模なストライキを行ったことがあります。このストライキは、賃上げを求めるも

2013年の金価格推移グラフ

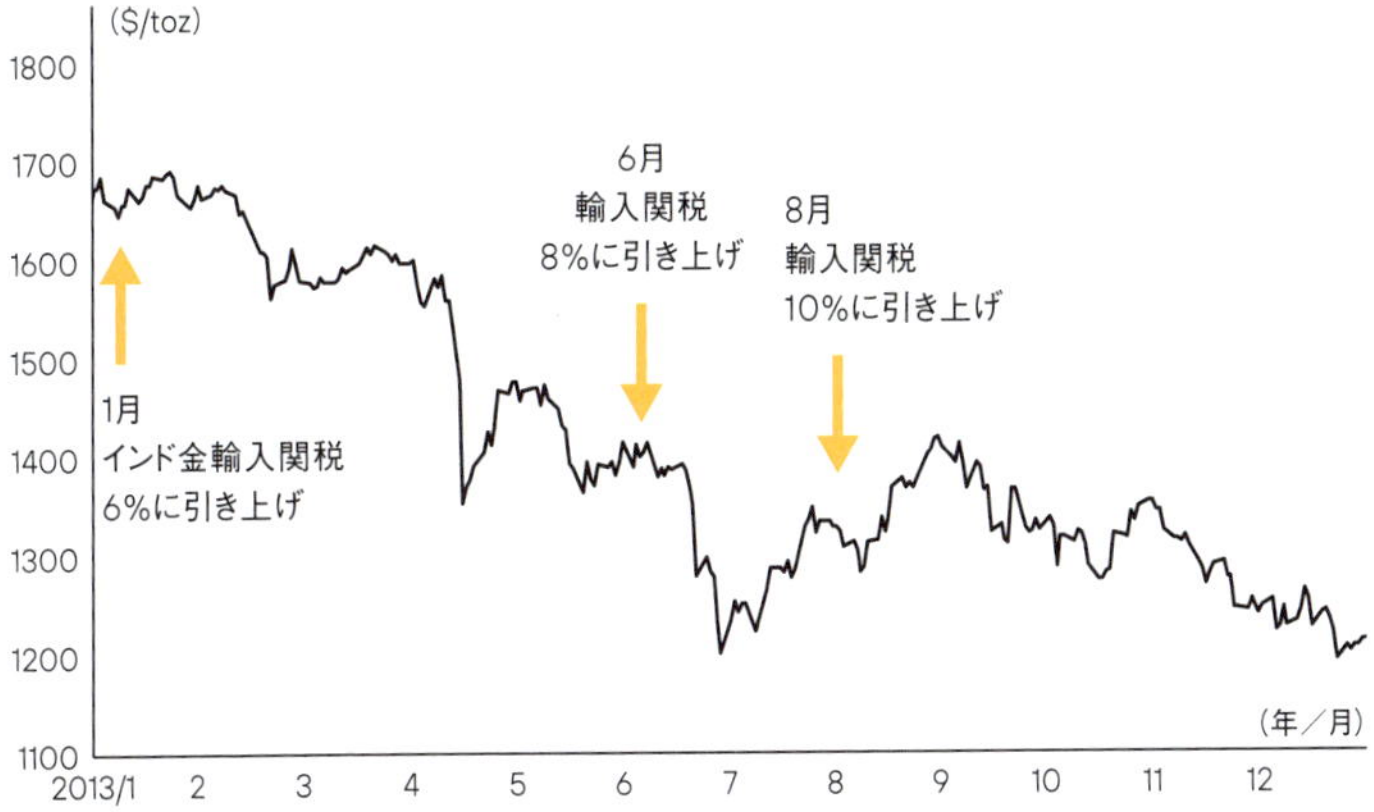

出所：TradingViewのデータをもとにアプレ作成

2013年4月から7月にかけて、金の価格は急落している

ので、多くの鉱山が一時的に生産を停止しました。南アフリカは世界最大の金生産国の一つであるため、このストライキによる生産停止は国際的な金供給量に大きな影響を与え、結果として、金の供給不足への懸念から、金価格が上昇しました。この時期の金価格は、ストライキ前の約1600ドルから1700ドル台に急騰しました。

そのほか、金の価格の変動要素として、為替相場や地政学的リスク、その他の経済指標などが挙げられます。

需給以外の価格変動要素① 為替相場

まず**為替相場**は、金の価格に大きな影響を与える重要な要素です。金は主に米ドルで取引されるため、米ドルの価値が下がると、ほかの通貨を使っている投資家にとって金が「お買い得」になり、需要が増えて価格が上がりやすくなります。反対に、米ドルの価値が上がると、金の価格は下がりやすくなります。

また、日本円で金を購入する場合にも、為替相場の変動が大きく関わってきます。国際市場での金の取引は主に米ドルで行われますが、日本では円を使うため、為替相場によって金の「円での価格」が変わるのです。

たとえば、円安(円の価値が下がること)が進むと、米ドルでの金価格が変わらなくても、円での価格は上がります。これは、同じ量の米ドルを得るために、より多くの円が必要になるからです。一方で、円高(円の価値が上がること)になると、米ドルでの金価格が上がっても、円での価格はあまり変わらず、場合によっては下がることもあります。このように、金の価格には為替相場の影響があるのです。

ドル建て金価格とドル円相場

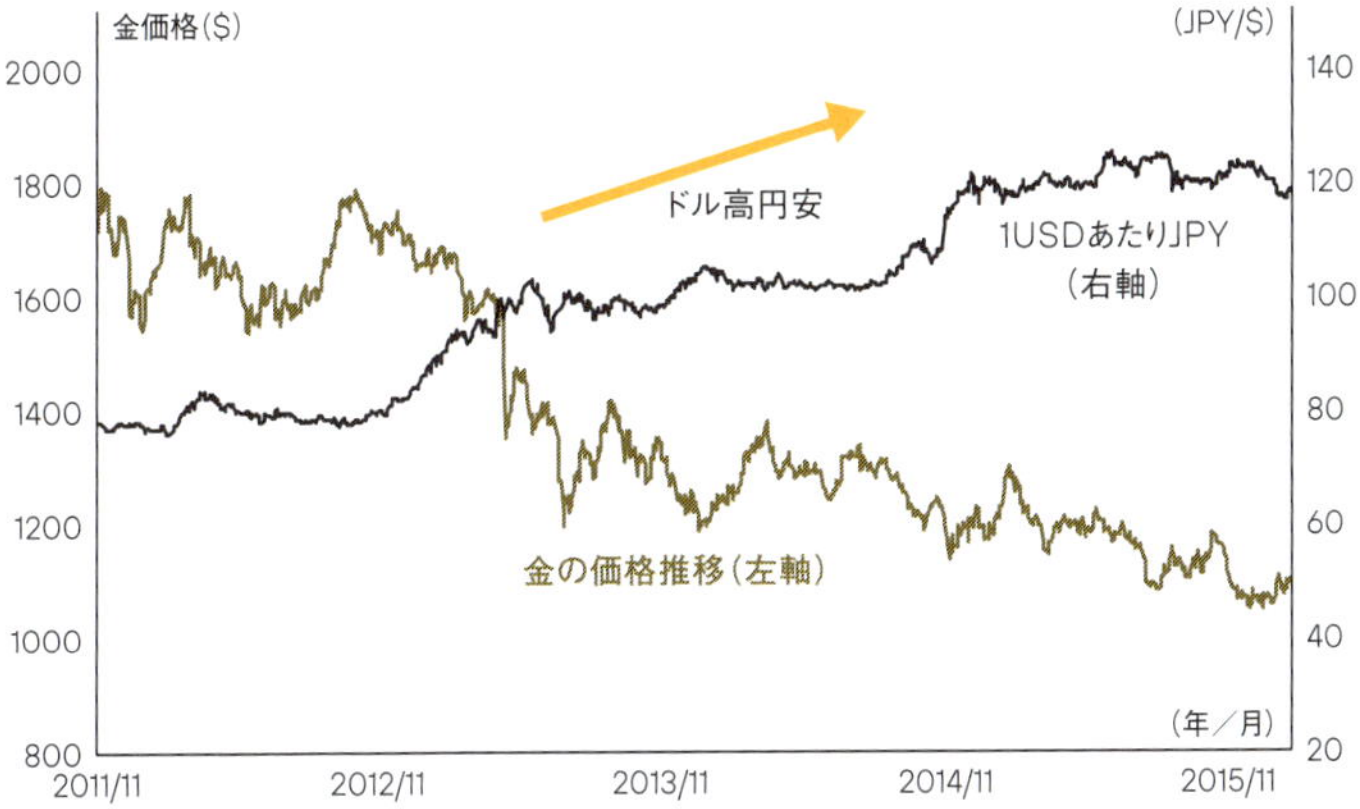

出所：TRADING ECONOMICSのデータをもとにアプレ作成

さらに、為替の影響により、米ドルでの金価格と円での金価格の動きが必ずしも一致しないことがあります。

たとえば、米ドルでの金価格が上がったとしても、日本円での金価格も同じように上がるとは限りません。米ドルでの価格が変わらなくても円安が進行すると、日本円での価格は上がります。逆に、米ドルでの金価格が上がっても同時に円高が進行すると、円での価格上昇は抑えられるか、場合によっては下がることもあるのです。

では、なぜ「ドル建ての金価格」と「円建ての金価格」が分かれるのでしょうか。それは、金の国際取引の基準通貨が米ドルだからです。金は世界中で取引されており、主に米ドルで価格が決められています。この「ドル建ての金価格」をもとに、日本では「円建ての金価格」が計算されます。このため、日本で金を購入する際には、米ドルの価格だけでなく円と米ドルの為替相場も重要になってきます。

少し複雑に感じるかもしれませんが、**円での金価格は「米ドル建ての金価格」と「円と米ドルの為替相場」という二つの要素で決まっている**と覚えておくことが大切です。このことを理解しておくと、金の国際的な価格の動きだけでなく、為替相場にも注意を向けることができ、日本での金投資についてより冷静に判断できるようになるでしょう。

需給以外の価格変動要素② 地政学的リスク

つぎに、「**地政学的リスク**」と呼ばれる要因も金の価格に影響を与えることがあります。たとえば、政治的な不安や国際的な紛争が起こると、投資家は「安全資産」としての金に注目し、金の需要が増加するため、価格が上がりやすくなります。戦争や経済危機のような状況では、金の価格が急騰することも珍しくありません。これは、市

米国実質金利と金の価格推移

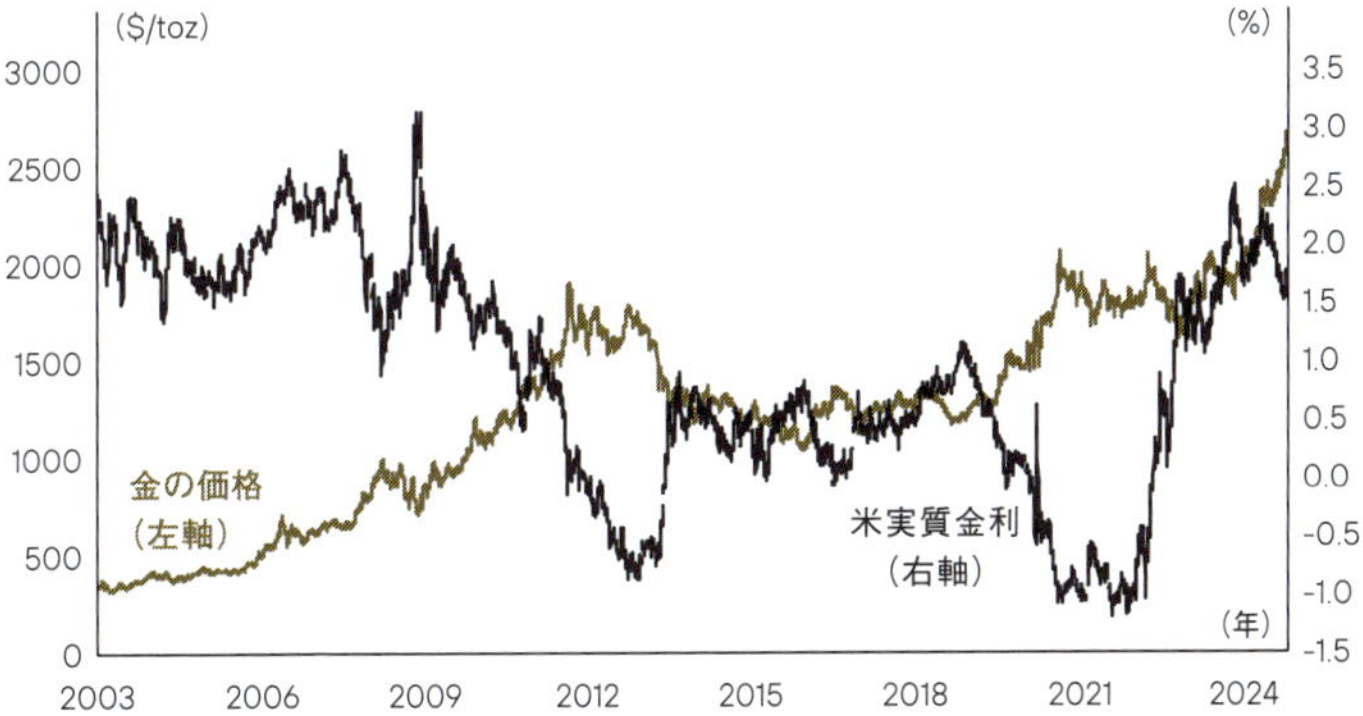

出所：TradingViewのデータをもとにアプレ作成

実質金利が下がると金の価格が上がる

場が不安定になると、投資家がリスクを避けるために価値が安定しやすい金を購入する傾向が強まるからです。

需給以外の価格変動要素③ インフレ・デフレ・金利など

そのほか、金の価格に影響を与える経済指標としてインフレ（インフレーション）やデフレ（デフレーション）、そして金利環境などが挙げられます。たとえば、インフレが進行すると、金は資産の価値保存手段としての需要が高まり、価格が上昇する傾向があります。これは、インフレ時には通貨の価値が下がるため、資産保全のために金を保有しようとする投資家が増えるためです。また、低金利環境では、金は無利子資産としての魅力が増し、投資需要が高まります。これは、金利が低いとほかの投資対象の魅力が減少し、金への投資が相対的に有利になるためです。地政学的リスクや、インフレ・デフレなどの経済指標が金の価格に与える影響については第7章でくわしく説明します。

25 金の価格は予測できる?

金の価格予測は専門家でも難しい

前項で見たとおり、金の価格は需給のバランスによる変動をはじめとして、多岐にわたる要因によって影響を受けます。そのため将来の金の価格を予測することは非常に困難です。ただし、そのことを前提に、金の価格に影響を与える要素について、それぞれの側面から一面的に金の将来の価格の想定を論じることはできるかもしれません。

たとえば、2024年11月現在、約2年間続いているロシア・ウクライナ戦争はまだ終息の兆しはなく、くわえて米中対立、中東情勢の悪化、台湾情勢の緊張といった地政学的なリスクは高まるばかりです。金は歴史的に見て戦争や政治不安などの地政学的リスクが高まると安全資産としての需要が増加し、価格が上昇する傾向が見られます。この意味では今後金の価格が上昇する可能性が高いとする予測は説得力があります。

また金の供給面を考える場合、金の埋蔵量には限りがあり、長期的には鉱山から新規供給される金の量が減少することが想定されます。金の需要が現状維持か増加する場合、長期的には供給量の不足から金の価格が上昇することが予測できるといえるでしょう。

ただし、先ほども述べたとおり金の価格は一つの要因で決定されるのではなく、多岐にわたる要因が複雑に影響し合い価格が変動します。それらの影響をすべて正確に予測するのは専門家であっても困難であり、将来的な金の価格の予測はほぼ不可能であると考えてよいと思います。

26 「ボラティリティ」ってなに？ 金はどう？

①ボラティリティは価格変動の「大きさ」

ボラティリティとは、ある資産の価格変動の大きさを示す指標であり、投資家にとってはリスクの一つとして捉えられます。具体的には、一定期間で価格がどれだけ変動するかを測るもので、高いボラティリティは価格の上下動が激しいことを意味し、低いボラティリティは価格変動が少ないことを示します。金融市場においては、株式、債券、コモディティ（商品）など、さまざまな資産のボラティリティが重要な指標とされています。

長期的に見ると、金はほかの多くの投資資産と比べてボラティリティが低く、安定

「ボラティリティ」とは価格変動の大きさのこと

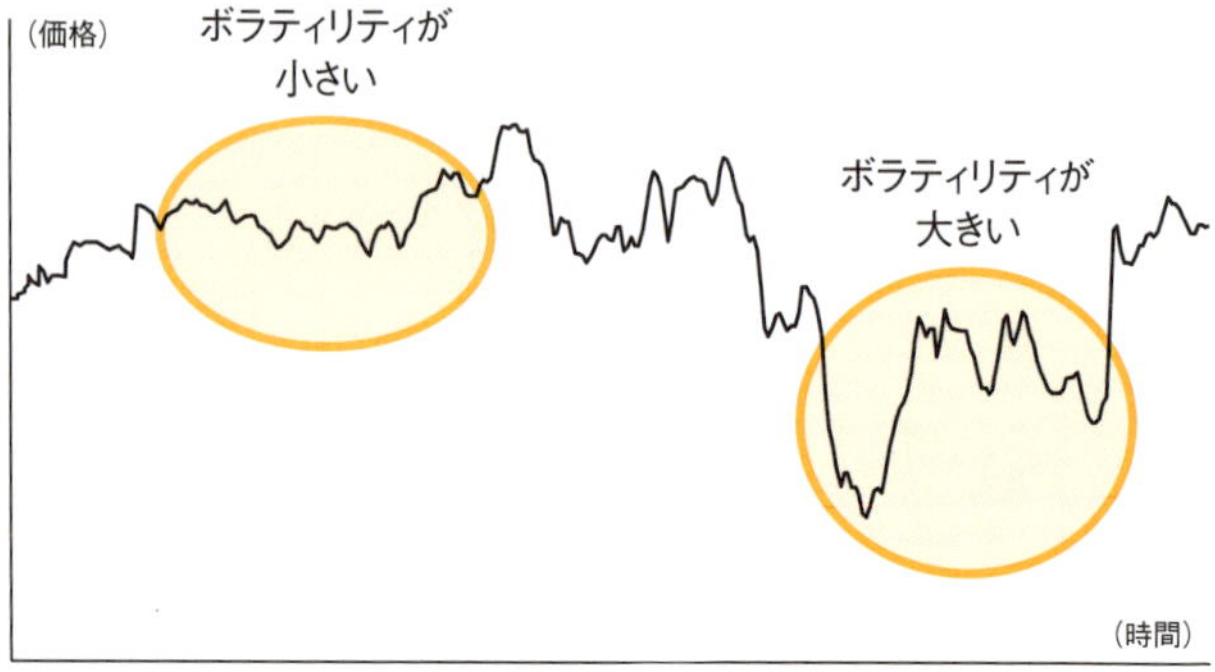

性が高いといえます。これは、金が貨幣の一形態としての歴史的役割を持ち、価値保存の手段として広く認識されているためです。また、金の供給は限られており、採掘にはコストがかかるため、急激な供給増加も起こりにくいです。金はその物理的な価値と限られた供給量に支えられており、急激な価格変動が起きにくい特徴があります。

②金のボラティリティは比較的小さい

ボラティリティを定量的に示す場合、通常は標準偏差によって計算されます。これは、価格の変動が平均からどれだけ離れているかを測定するものです。高いボラティリティは価格の大きな変動を示し、低いボラティリティは価格の変動が少な

ボラリティィリティの推移

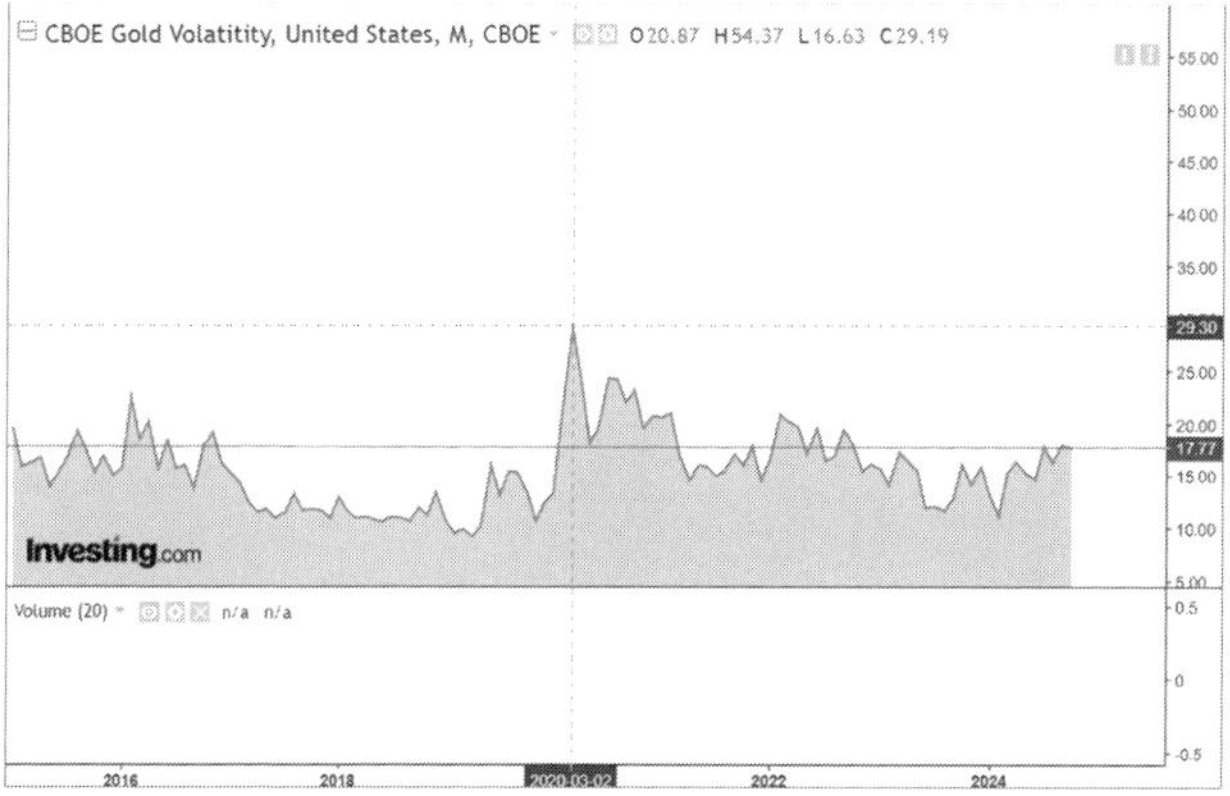

出所：https://www.investing.com/indices/cboe-gold-volatitity-chart
2020年3月の金のボラティリティは約30％に達している

いことを示します。

過去10年間のデータを基にすると、金の月間ボラティィリティはおおよそ10-30％の範囲にあります。たとえば、2020年のCOVID-19パンデミック時の金のボラティィリティ指数（GVZ）は高くなり、約30％に達しました（上図）。

一方、株式市場のボラティィリティは一般的に金よりも高く、たとえば、過去10年間のS&P500指数の月間ボラティィリティ指数（VIX）を見ると、約10-50％で変動していることがわかります（次ページ図）。また、個別株のボラティィリティはそれを上回ることが多いです。

ボラリティィリティの推移

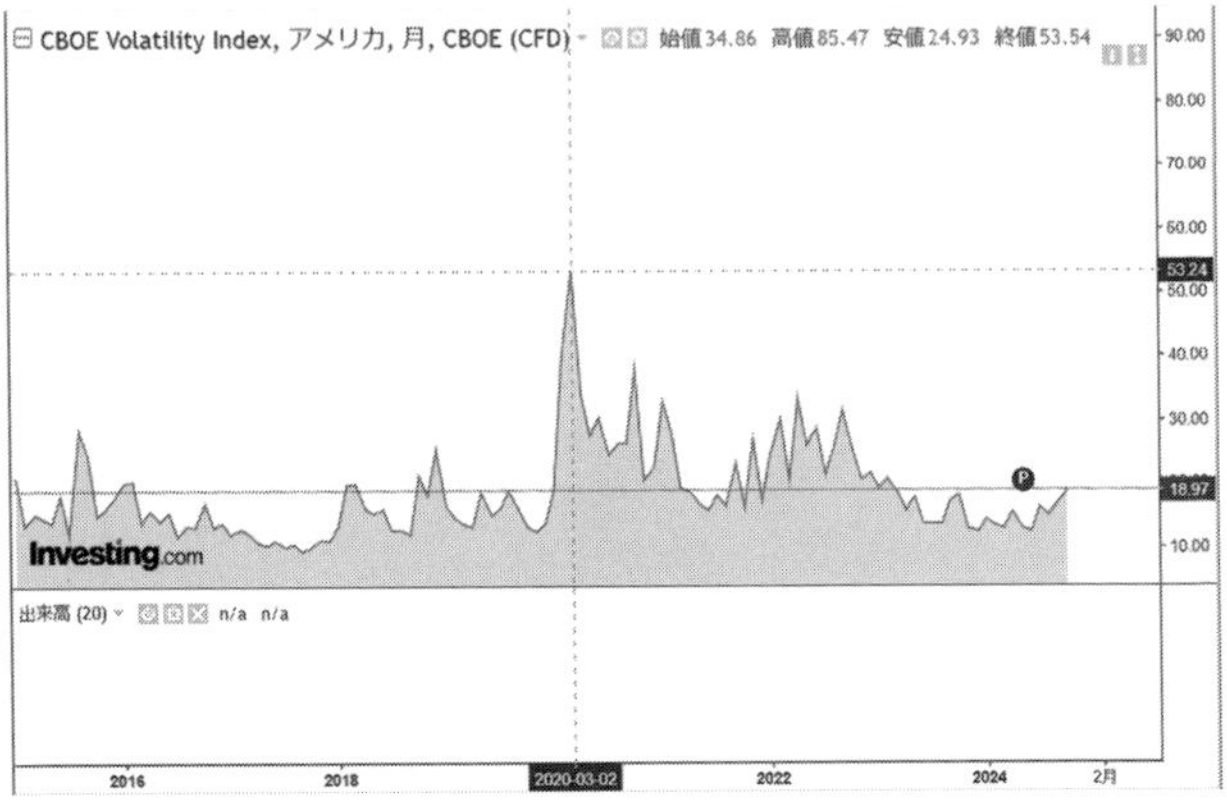

出所：https://jp.investing.com/indices/volatility-s-p-500-chart
アメリカS＆P500指数のVIX（ボラティリティ指数）は2020年3月、50％以上に達している

不動産市場のボラティィリティは、株式市場ほど高くはないものの、金よりも一般的に高いとされます。住宅市場のボラティィリティは地域や市場の状況によって異なりますが、たとえば、２００８年の金融危機時には、不動産市場（Jリート市場）のボラティィリティが約70％に到達していたとされています。

このように金のボラティィリティは一般的に株式や不動産などの資産よりも低く、とくに市場が安定している時期にはその傾向が顕著です。これは、ここまでに説明してきた金の物理的・普遍的な価値と限られた供給量による絶対的な価値の安定性によるものといえるでしょう。

27 金の価格を見る際には、どのようなデータ・指標を見ればいい？

①基本的な「スポット価格」

まず、「**金のスポット価格**」は最も基本的な指標であり、現在の市場価格を示し、これは通常、オンス単位で表示され、リアルタイムで変動します。スポット価格は、金市場の即時取引における価格を反映しており、国際的な市場での金の価値を測る基準となります。

金のスポット価格は、Bloomberg、Reutersなどの大手金融ニュースサイトでリアルタイムのチャートを確認できます。また、日本国内で金を購入・売却する際の、代表的な価格基準としては田中貴金属工業株式会社が平日の午前9時30分に公表する国内金取引価格が基準となります。田中貴金属は、日本国内での金の現物取引における主要なプレイヤーで、同社のウェブサイトでは、金のその日の売買価格や、過去の価格動向などを確認することができます。田中貴金属の価格は、国内市場での現物取引において広く参照され、取引の基準として用いられています。

②つぎに確認したい「先物価格」

つぎに、「**金の先物価格**」も重要です。先物価格は、将来の特定の日時に金を購入または売却する契約の価格を示します。これにより、投資家は将来の金価格の期待値を予測できます。先物市場は、金の供給と需要の予測、インフレ率の見通し、地政学的リスクなど、さまざまな要因を反映しています。金の先物価格はBloomberg、Reutersなどの大手金融ニュースサイトのほか、国内では日本取引所グループのサイトにて商品先物価格情報を確認することができます。

③ほかの重要指数

そのほか、**金ＥＴＦ（上場投資信託）の価格や取引量**も重要な指標です。金ＥＴＦは、原則として金の実物に裏づけられた投資商品であり、その価格と取引量は市場の需要を示す指標となります。また、**中央銀行の金準備や各国の金の輸出入データ**などの統計情報も注視すべき指標です。中央銀行の政策変更や金の保有量の増減は、金の需給に直接影響し、金のマーケットに大きな影響を与える可能性があります。金に関する統計情報は、World Gold Councilというロンドンに本社を置く金(ゴールド)の貿易協会がサイトに詳細なデータを公表しています。最後に、前述のとおり**為替レート**も金価格に影響を与える重要な要因です。とくに米ドルの価値は、金の価格に直接的な影響を及ぼします。金は主に米ドルで取引されるため、ドルの価値が上がると金の価格は相対的に下がり、逆にドルが下がると金の価格は上がる傾向があります。

金の価格を見る際には、基本となるスポット価格・先物価格のほかに、このような関連性のある指標を併せて確認することが重要といえます。そのうえで、時には金のマーケットに関する論説や将来の価格に関する専門家の意見などを参照しながら、自分の投資目的にあう手法や投資金額を考えればよいのです。

28

金価格はイベント時にどう動く？注目すべきイベントは？

これまで本章で見てきたとおり、金の価格はさまざまなイベント（要因）に影響を受け、価格が大きく変動することがあります。主要な要因を改めて挙げる場合、つぎのような事例に注目すべきといえます。

注目イベント① 経済指標の発表

雇用統計やＧＤＰ成長率、インフレ率などの経済指標は、金価格に直接的な影響を与えます。たとえば、アメリカの雇用統計が予想を下回ると、経済の先行きに対する不安が高まり、金価格が上昇する傾向があります。逆に、強い経済指標が発表されると、金以外のリスク資産への投資が増加し、金価格が下落することがあります。

注目イベント② 地政学的リスク

戦争やテロ、政治的不安定などの地政学的リスクは、金価格に強い影響を与えます。たとえば、2020年のイランとアメリカの対立やロシアのウクライナ侵攻などの国際問題が発生した際には、金を安全資産として求める動きが強まり、金価格が急上昇しました。起こりうる地政学的リスク、またはすでに発生している政治的緊張・地理的な情勢不安の動向はつねに確認しておくことが望ましいといえます。

注目イベント③ 金融政策の変更

中央銀行の金融政策、とくにアメリカ連邦準備制度理事会（FRB）の金利政策は、金価格に大きな影響を及ぼします。金利が上昇すると、金は無利子資産であるため、その相対的な魅力が低下し、価格が下がる傾向があります。一方、金利が低下すると、金の価格は上昇しやすくなります。金利と金の価格に必ずしも相関関係があるとは限らないですが、一方で、金の価格変動に影響しうる一つの要素として、金利の変動に敏感になっておくに越したことはありません。

注目イベント④ 大規模な市場の動揺

株式市場の急落や金融危機など、大規模な市場の動揺も金価格に影響を与えます。2008年のリーマン・ショックや2020年のCOVID-19パンデミック時には、投資家がリスク資産から逃避し、安全資産としての金を大量に購入したため、金価格が急騰しました。これに関しては金の投資に限ったことではないですが、市場の動揺の要因となる世界的な社会現象や国際情勢はつねに確認しておく必要があります。

注目イベント⑤ 大国の政権交代

アメリカを代表とする大国の政権交代も、金の価格に影響を与える重要なイベントとして注目すべきです。政権交代は上記に挙げた金融政策の変更や地政学的リスクの可能性の増大など、金の価格に影響を与える主要な要因に直結するイベントです。たとえば、過去においてはアメリカの大統領選挙や政権交代によって金価格が変動しました。政権が金融緩和政策を継続するか、引き締めに向かうかが市場の注目を集め、金利の変動やインフレ期待が変わることで、金の需要が変化します。２０２０年の大統領選挙やその後の政策変更が一例です。バイデン政権の下で財政刺激策が強化されるとの見通しが広がると、インフレ期待が高まり、金価格も一時上昇しました。

金価格は複数の要因に影響を受け、その変動は世界情勢や経済状況の反映ともいえます。本章で見た主要なイベント、たとえば経済指標の発表や地政学的リスク、金融政策の変更、大規模な市場の動揺、大国の政権交代といった出来事は、投資家の心理に直結し、金価格の動向に大きな影響を与えることがわかります。

これらの要因を理解し、各イベントに応じた情報を的確に把握しておくことで、金の投資家としてのリスク管理や戦略策定が可能となるでしょう。長期的な視点を持ちながら、時折の市場の変動に一喜一憂せず、自身の目的に合った運用を心がけることが、安定した資産運用への第一歩となります。

COLUMN

じつは身近なところにも使われている金

金は、私たちの日常生活で使う電子機器にも微量に含まれています。携帯電話、コンピューター、テレビなど、ほとんどの電子機器の内部には、電気を効率よく伝えるための接触部品に金が使われています。金は電気伝導性に優れ、酸化や腐食に強い性質があるため、接触の信頼性が重視される部品には最適な材料なのです。こうした特性から、金は高価であるにもかかわらず、ほかの金属では代替できない重要な役割を担っています。

金を含む電子機器の廃棄物は「Ｅ－スクラップ」として資源としても注目されており、リサイクルによる資源回収が重要視されています。Ｅ－スクラップのリサイクルは、環境保護や貴重な金属資源の再利用に寄与し、経済的にも意義のある活動です。たとえば、１トンの廃棄スマートフォンから得られる金の量は、鉱山から１トンの鉱石を採掘するよりも多いとされ、スマートフォンなどのリサイクルが持続可能な金供給の方法として大きな期待を集めています。このように、電子機器からの金の再利用は、自然環境への負荷軽減にも貢献しており、リサイクルが今後さらに推進されるべき取り組みとなっています。

ただし、E-スクラップからの金の回収には技術的な課題も多く、回収プロセスには高度な技術と設備が必要です。それでも、各国でリサイクル企業が効率的な回収技術の開発に取り組んでおり、この分野は今後も成長が見込まれています。特に、リサイクル効率の向上やコスト削減を図ることで、さらなる普及が進むと期待されます。例えば、回収技術の進化によって小型の電子機器からも効率的に金を取り出せるようになれば、リサイクルの経済性が向上し、持続可能な社会実現に一層貢献できるでしょう。

こうした背景から、金が私たちの身近な電子機器のなかで活躍し続け、従来の装飾品や投資を超えた新しい役割を果たしている点は興味深いものです。E-スクラップリサイクルにより金の価値が再発見されることは、地球環境の保護と資源の有効活用を促すものであり、改めて金の持つ多様な価値を再認識させてくれます。

第6章まとめ

□金価格は、国際市場における需給のバランスで決まる。
□金価格はインフレやデフレなどの経済変動に大きく左右される。
□為替相場の変動も、金の価値に影響を与える要因となる。
□金と米ドルは強い相関関係があり、ドルの動向が金価格を動かす。
□経済が不安定な時期には金に需要が高まり、価格が上昇しやすい。
□金価格に影響する要因の理解で、適切なリスク管理が可能になる。

第7章

金と経済・国際情勢の関係

29 金とインフレ・デフレの関係は？

経済指標として、インフレが金の価格に影響することは本書で何度か触れてきました。ここで改めて、金とインフレ・デフレの関係性をまとめておきたいと思います。

インフレと金の関係

インフレ（インフレーション）とは、商品・サービスの価格である物価が継続的に上昇することです。

インフレが進行すると、原則的には金の価格に上昇圧力がかかることが多いといえます。これは、インフレによって通貨の実質価値が低下し、投資家が資産の価値を保つ手段として金を求めるためです。金はその希少性と物理的な特性から、歴史的に「価値の保存手段」として認識されてきました。したがって、インフレが進行する局面で

1970年代米消費者物価上昇率と金価格

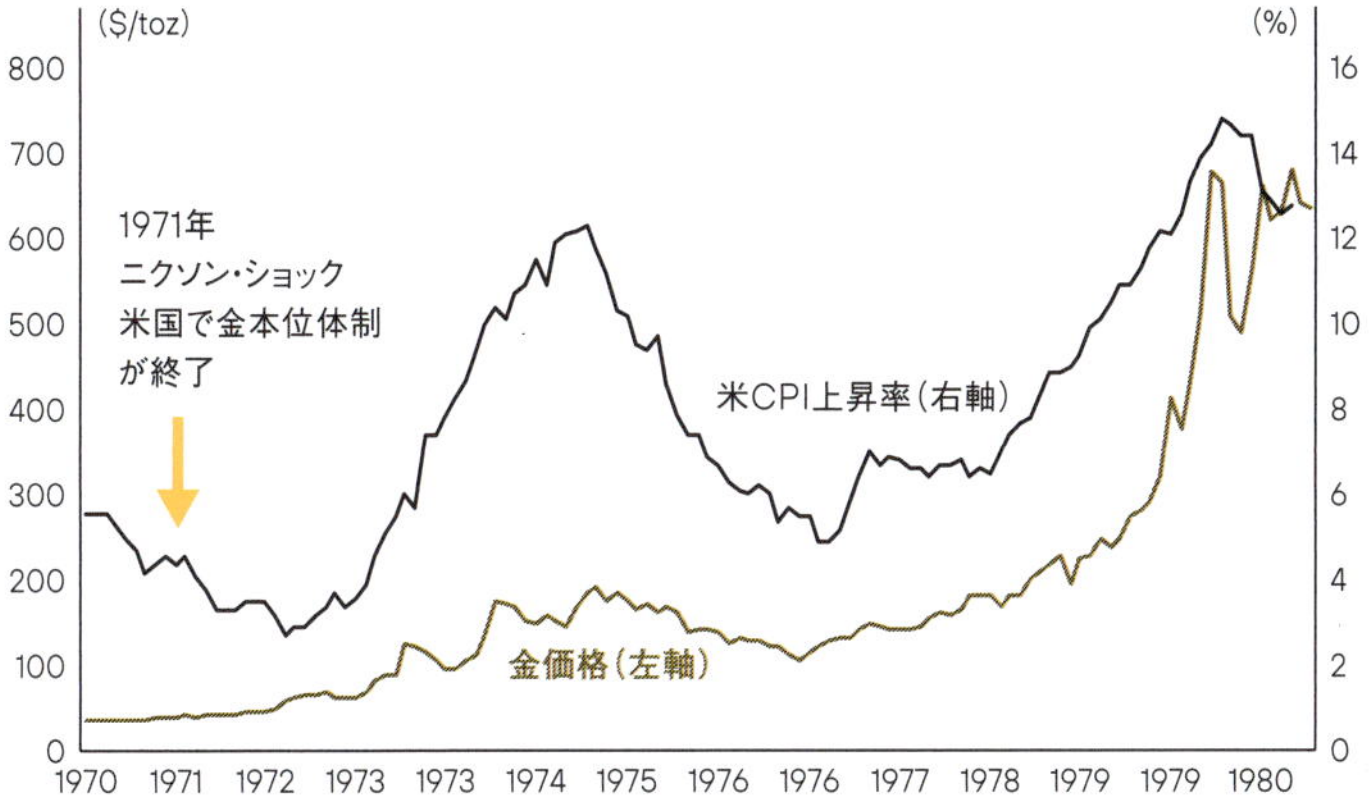

出所：TRADING ECONOMICSのデータをもとにアプレ作成

は、より多くの投資家が金を購入し、その需要が高まることで、金の価格が上昇する傾向があります。

とくに、インフレが加速し、中央銀行が十分に対応できない状況では、金の需要が大きく高まり、価格が上昇する傾向にあります。たとえば、1970年代のアメリカでは、オイルショックとそれに伴う高インフレに直面しています。この時期、インフレ率が高進するなかで、金の価格も大幅に上昇しました。1971年にアメリカが金本位制を放棄して以降、金価格は急騰し、1980年には一時的にオンス当たり700ドルを超える記録を達成しました。この時期は、インフレ時に投資家が金を安全資産として選ぶ典型的な例となっています。

しかしながら、インフレが進行する状況では、金利の引き上げがしばしば行われます。とくにアメリカでは、インフレを抑制するために連邦準備制度理事会（ＦＲＢ）が利上げを実施することが一般的です。利上げは、経済全体の借り入れコストを増加させることでインフレを抑え込む効果があります。同時に、ドルの価値を高める効果もあり、高金利やドル高が金の価格を押し下げる圧力を生みます。

つまり、**インフレが金の価格に与える影響は、必ずしも一方向には決まらず、複雑な相互作用があります**。インフレが金の価格を押し上げる要因となる一方で、利上げやドル高が金の価格を押し下げる要因となるため、金の価格はインフレとの間に完全な相関を持つとはいえません。実際には、インフレ、利上げ、ドルの動向が相互に影響し合い、金の価格に対して複雑な影響を及ぼすため、金価格の動きはつねに一筋縄ではいかないものです。

ちなみに、先ほどの１９７０年代のアメリカの例では、インフレが高進するなかでＦＲＢが利上げを行いました。しかし、インフレが非常に高水準だったため、金の価格は上昇したのです。このように、インフレが極端に高い場合や、利上げがインフレを十分に抑制できない場合には、利上げやドル高にもかかわらず、金の価格が上昇することもあるというわけです。

デフレと金の関係

デフレ（デフレーション）とは、物価が継続的に下落する現象を指します。

デフレが進行すると、消費者や企業は物価が将来さらに下がると予想して、支出や投資を控えるようになります。このため、経済活動が停滞し、企業の収益や労働者の賃金が減少し、失業率が上昇するなど、経済全体が悪循環に陥るリスクが高まります。

デフレが金の価格に与える影響を考える際には、インフレ進行時の原則（価格上昇圧力）とは反対の考え方をすることができます。つまり**デフレが進行すると金の価格の下落圧力が発生するのが原則**です。

順番に考えてみましょう。デフレ環境下では、インフレ下と対照的に現金や現金同等物の価値が上昇します。なぜなら、物価が下がるなかで同じ金額の現金でより多くの商品やサービスを購入できるからです。このため、〝モノ〟としての側面を持つ金も相対的に価値を下げることとなり、結果的に金の価格に対して下落の圧力を与える場合が多いのです。

また、金は通常、インフレヘッジや不確実性の高い時期の「安全資産」としての役割を果たすことはすでにご理解のとおりかと思いますが、現金の実質価値が高まっているデフレ環境下においてはその魅力が相対的に低下します。デフレが進行すると、金の保有は現金等の資産クラスに対して競争力を失います。これも結果として金の需要減少を招き、相対的に価格が下落する圧力となります。

実例：日本の「失われた10年」

実例として、日本の「失われた10年」と呼ばれる1990年代から2000年代初頭のデフレ期が挙げられます。この期間、日本は深刻なデフレに苦しみ、消費者物価指数（CPI）は継続的に下落しました。この期間中、金の価格は相対的に低迷していました。デフレが進行するなかで、日本の投資家は現金を保持し、リスク資産への投資を控える傾向が強まりました。また、国内経済の低迷が続くなかで、金の需要が大きく増えることはありませんでした。1998年には1グラムあたり865円という

日本のCPI（消費者物価指数）上昇率」と金価格

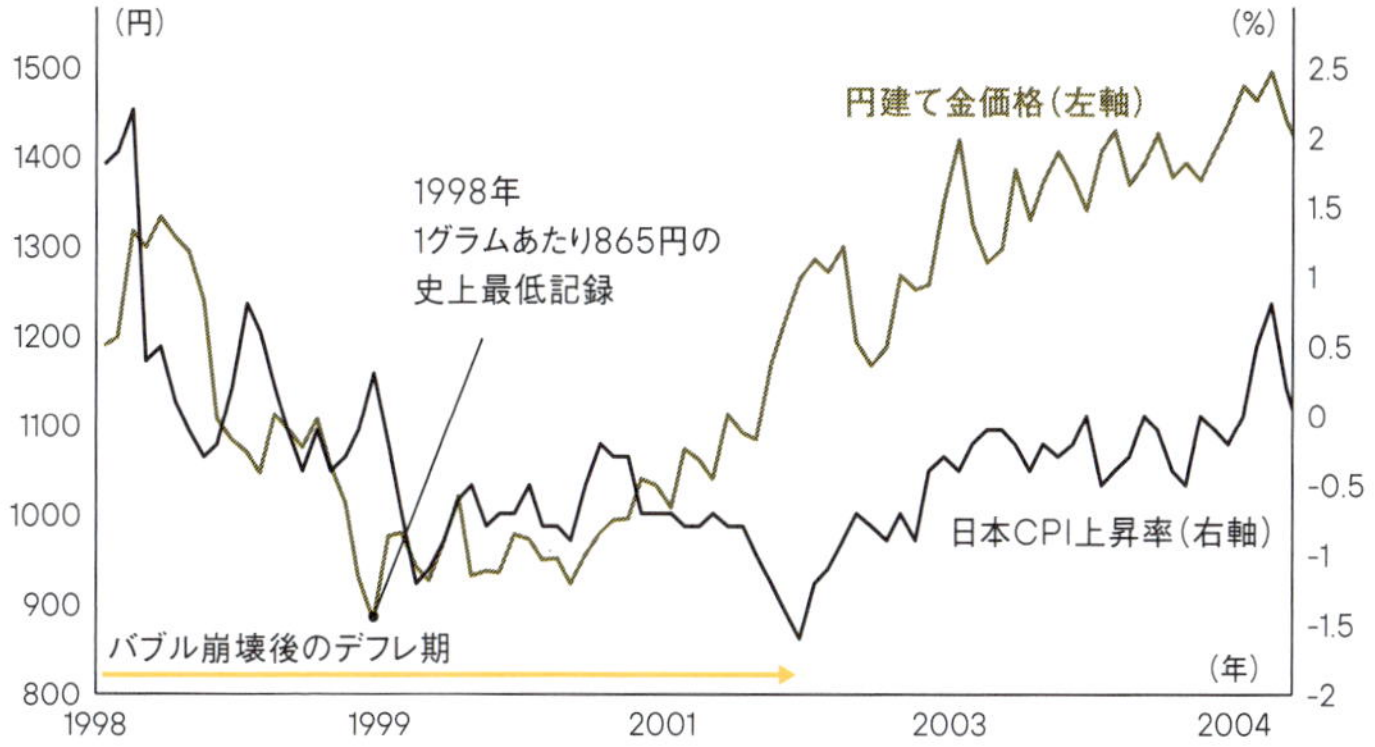

出所：TradingViewのデータをもとにアプレ作成

1998年の1グラム865円という瞬間最安値記録は、いまも破られていない

国内金価格の最安値（1978年の金輸出自由化以降）を記録しています。

ただし、デフレ期においても、すべてのケースで金の価格が下落するわけではありません。この点は、インフレ期においても複合的な要因で必ずしも金価格が上昇しないことと同じです。

たとえば、2008年のリーマン・ショック後、世界的にデフレ圧力が強まりましたが、その後の金融緩和政策とインフレ懸念から、金の価格は急騰しました。これは、中央銀行の積極的な金融政策がインフレ再燃への懸念を引き起こし、金が再び価値保存手段として選ばれたためです。このように、デフレ環境下での金の価格は、一概に下落するとは限らず、ほかの経済要因や政策の影響を受けることがあることはつねに理解しておく必要があります。

また、金の価格に影響を与えるものとして、実際に発生したインフレやデフレだけでなく、将来のインフレ・デフレに対する「期待」があることも重要です。たとえば、将来的なインフレが予想されると、投資家は早めに金を購入しはじめ、その結果その時点での需要が高まることで、金の価格が上昇するということがあります。現在の金市場の動きは、将来に対する「期待」を投資家が織り込んでいる可能性があることも忘れてはいけないのです。

30 金の「地政学的リスク」ってなに？

第6章で、注目すべき金関連のイベントとして「地政学的リスク」を挙げました。ここでは改めて金投資における地政学的リスクとは何かを見ていきます。

地政学的リスクとは？

金の「地政学的リスク」とは、国家間の政治的・軍事的な緊張や紛争、外交問題などが金の価格に及ぼす影響を指します。これらの地政学的な要因は、特定の地域や国の政治的不安定、戦争、テロ、貿易摩擦など、幅広い事象に関連しており、金の価格を大きく変動させる要因の一つです。金は、歴史的に見ても「安全資産」としての地位を確立しており、経済や政治の不安定期において、その需要が高まる傾向があります。

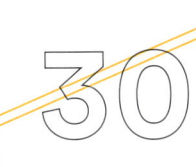

まず、金が地政学的リスクに敏感である理由を考えるうえで、その基本的な特性を理解することが重要です。金は普遍的な価値を持つ資産であり、通貨のように政府や中央銀行の影響を受けにくい特性を持っていることはご存じのとおりです。このため、経済や政治の不安が高まると、投資家や一般市民は、自国の通貨や株式市場の価値が下落するリスクを避けるため、金を買い求めることが多くなります。この現象は、金が「価値の保存手段」として機能するためであり、とくに地政学的な不確実性が高まった時に顕著に現れます。

金の価格に大きな影響を与える地域

たとえば、**中東地域における紛争**は、金の価格に大きな影響を与える典型的な事例です。中東は世界のエネルギー供給の大部分を担う地域であり、この地域での軍事的緊張や紛争は、原油価格の高騰や供給不安を引き起こすことがあります。

こうした状況下では、エネルギー市場の不安定性が広がり、世界経済全体に波及する恐れがあるため、投資家はリスク回避の手段として金を購入します。たとえば、イランとアメリカの対立が激化した際には、金の価格が急騰しました。これは、軍事衝突や制裁によって中東全体が不安定化し、世界経済に悪影響を与えることが懸念されたためです。

つぎに、**ヨーロッパにおける地政学的リスク**の影響も重要な事例です。とくに、ロシアとウクライナの紛争は、金の価格に大きな影響を与えました。２０１４年のクリミア併合や、２０２２年に始まったウクライナ侵攻などの出来事は、ヨーロッパ全体の安全保障状況を揺るがし、ＮＡＴＯ諸国とロシアとの関係を緊迫させました。このような状況下で、金の需要は世界的に増加し、価格が上昇しました。これも、投資家が通貨や株式のようなリスク資産から安全資産である金へと資産を移した結果です。とくに、国際的な制裁や貿易制限が経済に与える影響が見込まれる場合、金は相対的に安定した価値を提供するため、投資先として選ばれやすくなります。

また、**アジア地域の緊張**も金の価格に影響を与えることがあります。たとえば、北朝鮮の核開発やミサイル発射実験が活発化した時期には、東アジア全体の地政学的リスクが高まりました。このような状況では、日本や韓国など、周辺国の市場が不安定化し、金の価格が上昇する傾向が見られました。さらに、中国とアメリカの間で激化する貿易戦争もまた、世界経済に大きな影響を及ぼし、金の需要を押し上げる要因となりました。貿易戦争による関税の引き上げや輸出入制限は、各国の経済成長にブレーキをかける可能性があり、こうした不安定な状況で投資家はリスクヘッジのために金を選ぶことが多くなります。

金の地政学的リスクに対する敏感さは、ほかの要因と比較しても非常に特徴的です。株式や通貨は、政府の政策や中央銀行の動向に大きく左右されますが、金はそれらとは異なり、独自の市場メカニズムで動いています。そのため、政府の動向や政策変更による影響を受けにくく、むしろ政府や中央銀行の信頼性が揺らいだ時にこそ、その価値が見直されるのです。

31 戦争が起こると金はどうなる？

地政学的リスクに関連して、実際に戦争が起こった場合には金価格にどのような影響が出るのかを見てみましょう。

歴史的には戦争が起こると、金の価格が一般的に上昇する傾向があります。これは、戦争が引き起こす不確実性と経済的リスクに対する防衛策として、投資家が「安全資産」である金を選好するためです。つまり、「地政学的リスク」が高まると投資家の不安から金の価格が上昇しやすい構造と同様のことが、戦争が発生した際にも起こります。むしろ、「地政学的リスク」とは、戦争や紛争の発生を投資家に想起させ、その不安が価格の上昇につながっていると考える方が正確かもしれません。

また、「地政学的リスク」による価格の変動要因が主に投資家の「不安」であることに対して、戦争が発生した場合には明確に異なる条件があります。それはすでに戦争が発生していることによる「サプライチェーンの混乱」や「軍需支出の増加」とそれに伴うインフレの発生です。

たとえば、金そのもののサプライチェーンの混乱はダイレクトに金価格に影響を与えます。とくに、紛争地域が金の主要生産地である場合、その供給が妨げられ、金の価格に上昇圧力がかかります。供給が減少する一方で、経済不安から安全資産としての需要が高まるため、価格がさらに上昇しやすい傾向があります。

コストプッシュ型のインフレ

さらに、戦争や紛争が主要な物流ルートを遮断すると、商品や原材料の輸送コストが増加します。海上輸送路の閉鎖や航空輸送の制限は、輸送費用を押し上げ、それが消費者価格に反映されます。くわえて戦争により多くの労働者が戦地に動員されると、生産活動に必要な労働力が不足し、生産コストが増加します。このような、戦時下におけるサプライチェーンや生産環境の混乱は、結果的にコストの上昇が物価を押し上げる「**コストプッシュ型のインフレ**」を引き起こしやすいのです。このインフレも金価格上昇の要因となります。

デマンドプル型のインフレ

また、戦争が長引くと軍需支出が増大し、戦費を賄うために各国政府は大規模な借入や紙幣の発行を行うことがよくあります。これは通貨の価値を下落させるとともに、インフレを引き起こす要因となるのです。また政府による軍事支出の増加は軍需品や関連資源の需要を急激に高め、これら軍需品・関連資源の需要が供給を上回り、価格が上昇します。これにより、需要の拡大が物価を押し上げる「**デマンドプル型のインフレ**」が引き起こされることもあります。

第6章でも見たとおり、インフレ環境は資産の価値保存手段として金の需要を高め、結果として金の価格上昇につながりやすいです。戦争の発生をきっかけとするインフレの進行も、最終的には金の価格が上昇する要因として考えることができます。

過去の戦争における例

これらを踏まえ、近年に発生した戦争と金の価格変動の事例を見てみましょう。

9.11同時多発テロと金価格（USドル建て）推移

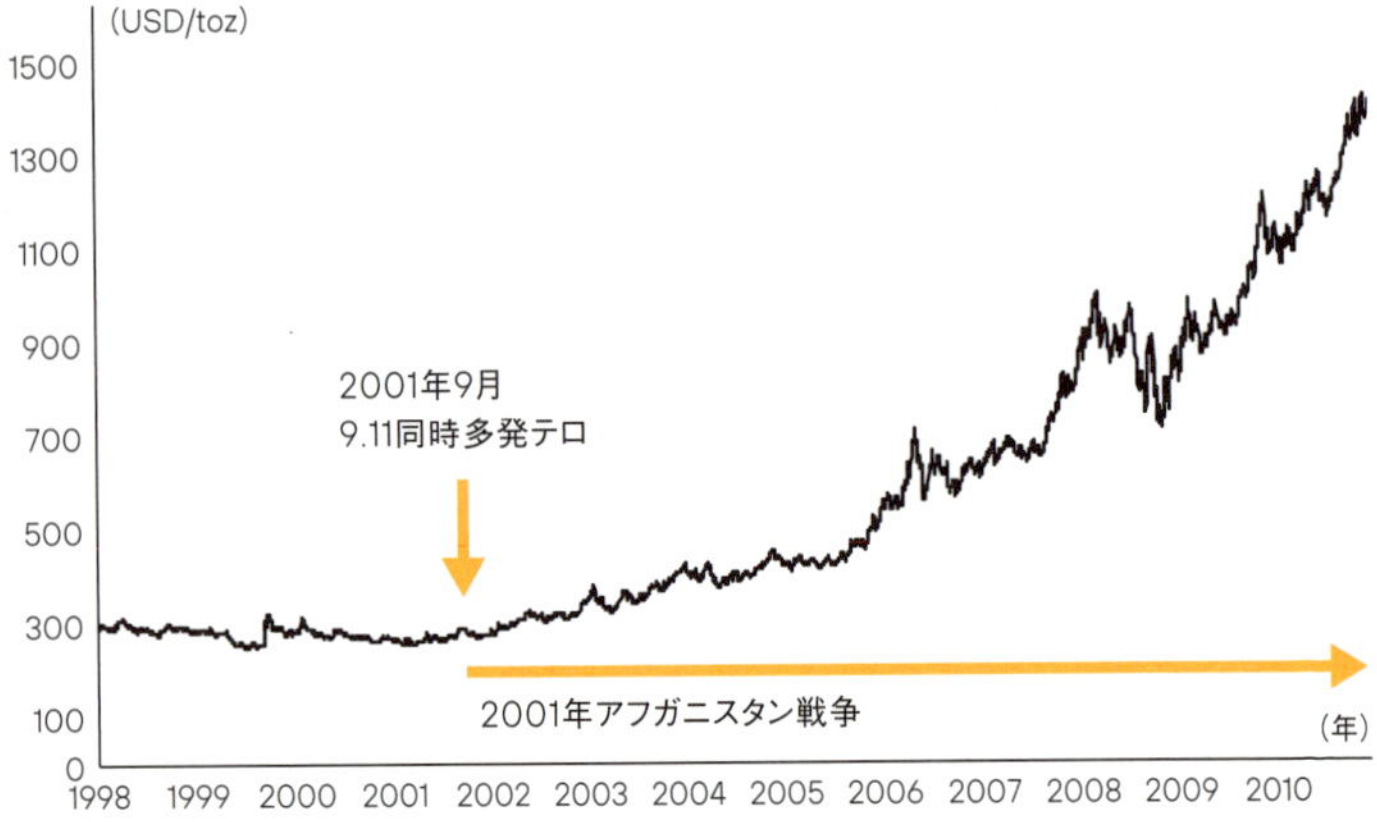

出所：TradingViewのデータをもとにアプレ作成

・9・11同時多発テロとアフガニスタン戦争（2001年）

2001年9月11日にアメリカで発生した同時多発テロは、世界中に衝撃を与えました。このテロを受けて、アメリカはアフガニスタンでの軍事行動を開始し、「テロとの戦い」を本格化させました。これにより、世界経済全体が不安定化し、金融市場にも影響が広がりました。

9・11同時多発テロ以降（2001年9月）、金の価格は急騰していることがわかります。

テロ攻撃による市場の混乱と安全資産としての金への需要増加が主な要因で

イラク戦争と金価格（USドル建て）推移

出所：TradingViewのデータをもとにアプレ作成

す。その後、アフガニスタン戦争が始まり、金の価格はさらに上昇しました。9・11テロ攻撃による不安定さは、投資家がリスク回避のために金を購入する動機となり、さらに、アフガニスタン戦争の長期化が世界経済に対する懸念を強めたのです。

・イラク戦争（2003年-2011年）

アメリカ主導のイラク戦争は、サダム・フセイン政権の崩壊を目指した軍事介入であり、長期にわたる不安定な状況を生み出しました。この戦争は、国際社会における緊張を高め、エネルギー価格の上昇や地政学的リスクの増加を引き起こしました。

こちらも、イラク戦争が始まると、金の価格は上昇を続けていることがわかります。とくに、戦争の長期化とともに地政学的リスクが増大し、金は安全資産としての需要が高まりました。

イラク戦争において、戦争開始からその後の長期的な紛争状態により、投資家は金を安全資産として求めるようになりました。とくに、イラクはＯＰＥＣ加盟国のなかでサウジアラビアにつぐ産油国であり、イラク戦争によるエネルギー市場の不安定化（原油価格の上昇）が経済全体にインフレ圧力をもたらし、これが金価格のさらなる上昇を促進しました。この期間、金の価格は安定した上昇トレンドを描いています。

・ロシア・ウクライナ紛争（２０１４年、２０２２年）

ロシアとウクライナの紛争は２０１４年に始まり、とくにクリミア併合とドンバス地方での紛争が続きました。２０２２年にはロシアがウクライナに対して全面的な侵攻を開始し、これにより世界中で地政学的リスクが急増しました。

２０２２年のロシアによるウクライナ侵攻が始まると、金の価格は急騰しています。

ロシア・ウクライナ紛争と金価格（USドル建て）推移

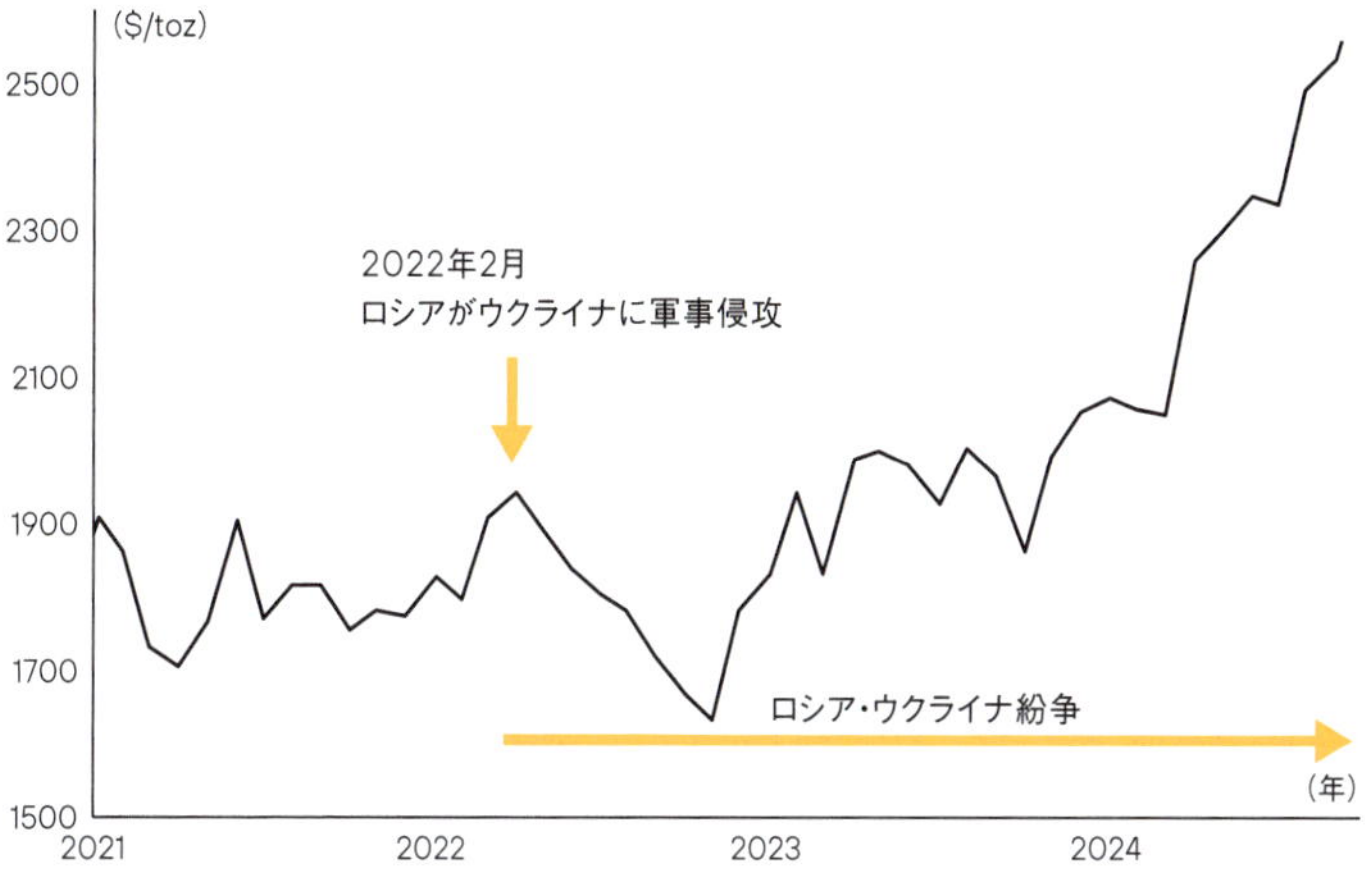

出所：TradingViewのデータをもとにアプレ作成

ロシア・ウクライナ紛争の事例では、エネルギー市場の混乱と、経済制裁による国際的な経済不安が金の価格に影響しました。エネルギー供給の不安定化や広範な経済制裁の導入によって、金の価格を押し上げる要因となったのです。とくに2022年の侵攻開始時（直後）には、投資家がリスク回避のために大量の金を購入し、その結果、金の価格は歴史的な高値を記録しました。この事例では、地政学的リスク・戦争の勃発が金市場に対して強力な影響を与えうることがわかります。

反対に、戦争によって金の価格が下落した事例もご紹介します。

湾岸戦争と金価格（USドル建て）推移

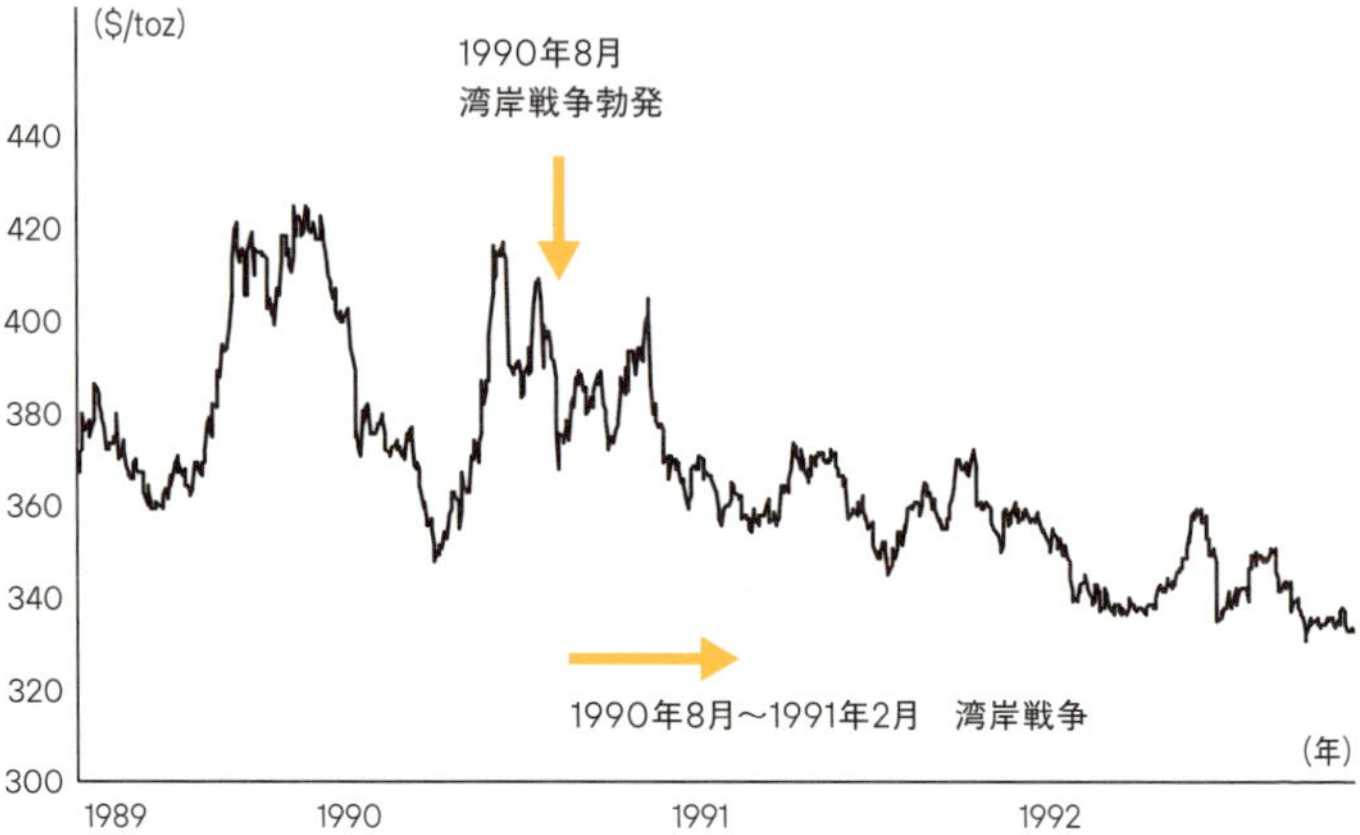

出所：TradingViewのデータをもとにアプレ作成

・湾岸戦争（1990年－1991年）

1990年8月、イラクがクウェートに侵攻し、湾岸戦争が勃発しました。アメリカを中心とする多国籍軍が介入し、1991年1月に大規模な軍事行動が開始されました。この戦争は比較的短期間で終結し、クウェートは解放されました。

グラフから湾岸戦争勃発時には、金の価格が一時的に上昇しましたが、戦争が短期間で終結し、金の価格は逆に下落していることがわかると思います。

湾岸戦争は、非常に短期間で終了し、多国籍軍が迅速に勝利したため、市場に安心感が広がりました。この安心感は、金をリスク回避の手段として購入していた投資家が再びリスク資産に資金を移すきっかけとなり、金の価格が逆に侵攻開始直前よりも下落しました。また、多国籍軍の勝利が確定的になると、原油価格が安定し、インフレ懸念が後退したことも金価格の下落に寄与しました。

32 経済危機で金はどうなる？

では戦争や紛争ではなく、経済危機が金の価格に与える影響はどうでしょうか。

経済危機とは、国家や地域、あるいは世界規模で経済活動が急激に悪化し、金融システムの崩壊や企業の業績が悪化、仕事の減少、人々の収入が減少など、実体経済に深刻な混乱が生じる現象です。代表的なものとしてバブルの崩壊、通貨危機、銀行危機（不良債権の増大による銀行システムの信用危機）などが挙げられます。

第6章では経済の先行きに対する不安が高まると、金価格が上昇する場合が多いと説明しました。「地政学的リスク」による価格影響と構造は同じですが、経済危機が発生すると、投資家や消費者はリスク回避のために安全資産である金を選ぶ傾向が強くなり、金の価格は経済危機の際に上昇することが多いといえます。

ここでは、金融危機が金価格に与える影響の例として、2つの対照的な事例を見て

リーマン・ショック発生と金価格（USドル建て）推移

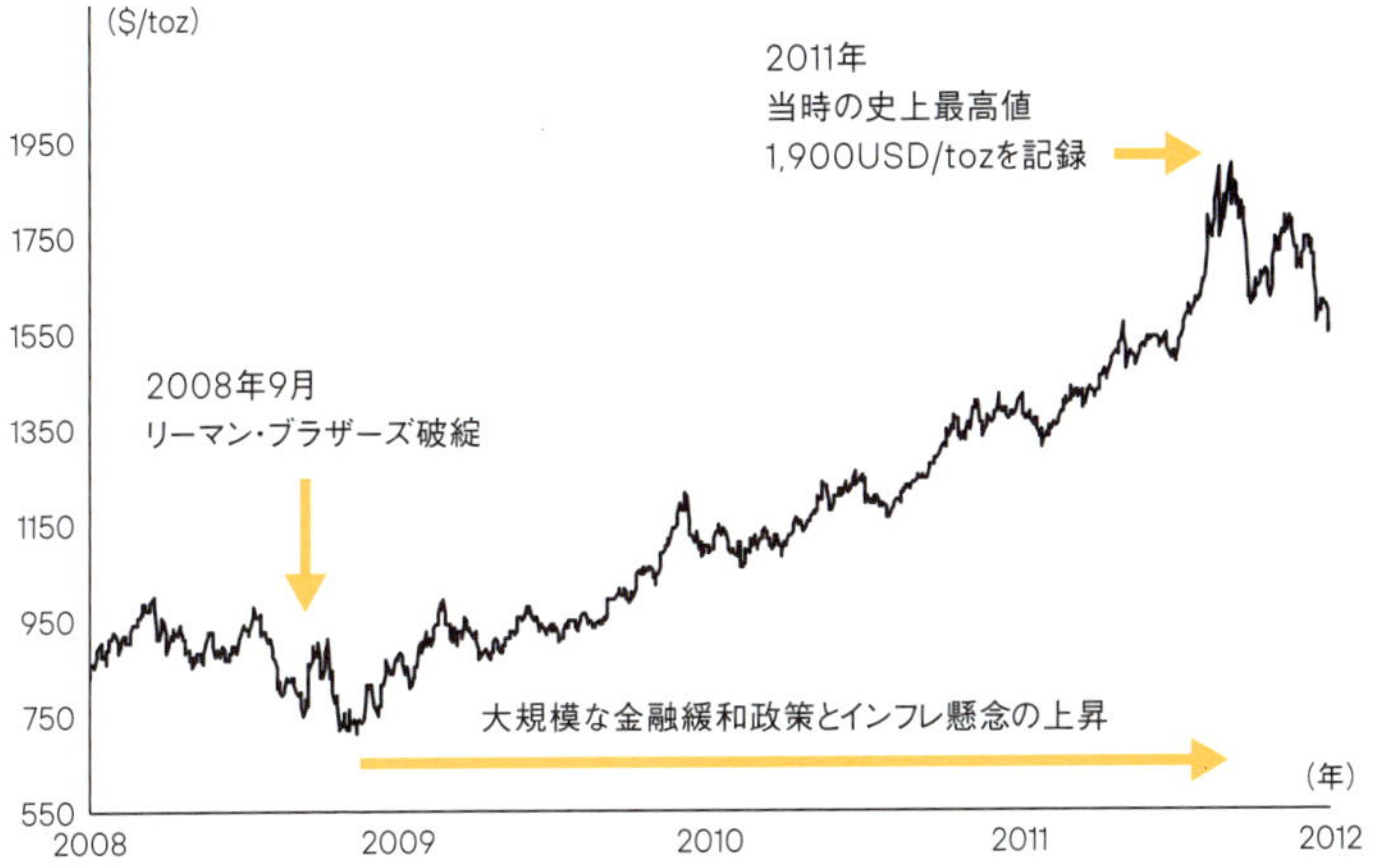

出所：TradingViewのデータをもとにアプレ作成

みましょう。

リーマン・ショック（2008年）の例

たとえば、最大の国際的金融危機であるリーマン・ショックが発生したとき、金の価格はどうでしたでしょうか。

リーマン・ショックは、2008年9月15日にアメリカの大手投資銀行リーマン・ブラザーズが破綻したことに端を発し、世界中に波及した金融危機です。この危機は、住宅バブルの崩壊と、それに関連するサブプライムローン問題が引き金となり、銀行や金融機関の破綻、株式市場の大暴落、そして世界的な不況を引き起こしました。

前ページのグラフを見ると、危機の初期には、リスク回避の動きが強まり、多くの投資家が現金を確保するために金を売却したため、金価格が一時的に下落しました。しかし、その後、金融市場全体が混乱し、株式市場が急落すると、金は再び安全資産として注目され、価格は急上昇しました。とくに、各国の中央銀行が大規模な金融緩和政策を実施し、インフレ懸念が高まるなか、金価格は２０１１年に１９００米ドル／オンスという史上最高値を記録しました。

最初の一時的な価格下落は特徴的であるものの、金融不安が長引くにつれて価格が大幅に上昇し、結果として、金がインフレや金融不安に対するヘッジとしての役割を果たしたといえそうです。

アジア通貨危機（1997年）の例

１９９７年にタイのバーツ暴落を発端として発生したアジア通貨危機では、東南ア

アジア通貨危機と金価格（USドル建て）推移

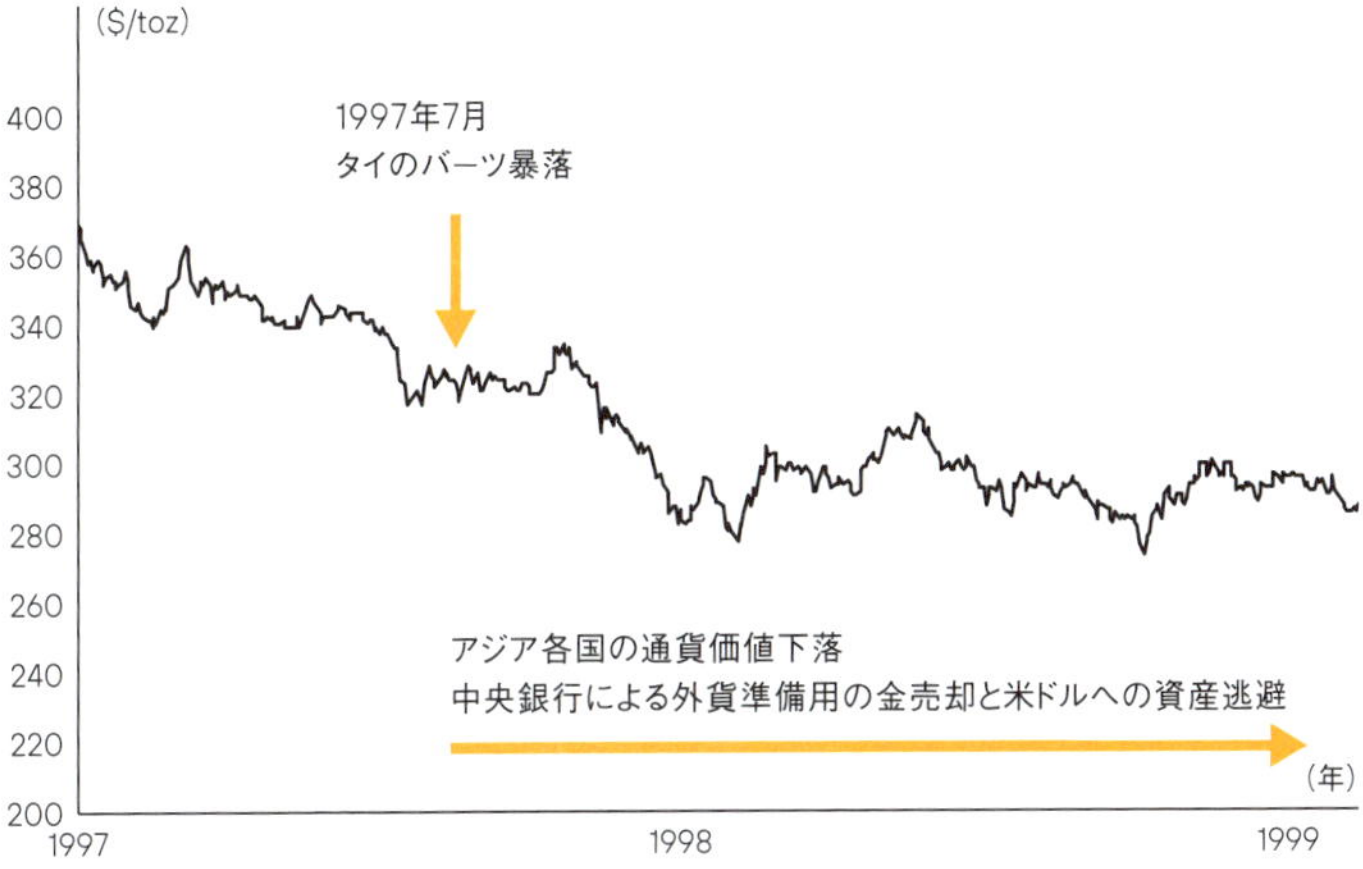

出所：TradingViewのデータをもとにアプレ作成

ジア諸国の通貨が急落し、地域全体の経済が不安定化しました。多くの企業が倒産し、銀行も経営破綻に追い込まれました。この危機により、地域内外での経済不安が高まりました。

意外なことに、アジア通貨危機の際には、金の価格は下落しました。この理由は、危機がアジア地域に集中していたため、グローバルな資金が金ではなく、アメリカのドル資産に流れたためです。また、アジア諸国が保有していた金を売却して通貨を防衛したことも、金価格の下落に寄与しました。

よりくわしく説明します。アジア通貨

危機は、1997年にタイのバーツが急落したことを発端に、インドネシア、韓国、マレーシア、フィリピンなど、アジア各国の通貨がつぎつぎに大幅な価値下落を経験したものです。

これらの国々は、通貨を防衛するために中央銀行の外貨準備を用いて自国通貨を買い支えようとしましたが、外貨準備が不足し、効果的な防衛が難しくなりました。

そのため、いくつかの国では、外貨準備を補うために保有していた金を売却する動きが出ました。とくに、金は流動性が高く、迅速に現金化できる資産であるため、通貨防衛のために売却されやすかったのです。この大量の金の売却は、国際市場における金供給の増加をもたらし、金価格に下落圧力をかけました。

また、アジア通貨危機の間、投資家や企業はアジア地域の通貨の信頼性が低下するなかで、より安定した資産に資金を移す必要に迫られました。このとき、多くの投資家は、金ではなく、米ドルやアメリカ債に資金を移動させました。米ドルは、世界的に信頼される通貨であり、とくにアジア地域での混乱が続くなか、最も安全な避難先とみなされました。

米ドルが強くなる（価値が高まる）と、ドル建ての金の価格が下落する傾向があります。これは、金の国際市場での取引が主に米ドル建てで行われるためです。通貨危機の影響でドルの価値が高まるなか、金の価格は相対的に下落しました。この時、多くの投資家が金ではなく米ドルを資産の逃避先に選んだのは、アジア諸国の金売却による当時の金価格下落の流れのなかで、米ドルが相対的により安全性の高い資産であるとみなされたためです。

アジア通貨危機は、金が「安全資産」として、必ずしもほかの資産クラスに対して優位と判断されるわけではないことを示した事例です。しかし、現代ではアメリカ経済の不安定化や新興国の台頭、デジタル資産の普及、さらに地政学的リスクの増加など、さまざまな要因により、もはや米ドルが一強の地位にあるとはいえなくなっています。そのような状況のなか、普遍的な価値を持つ金が、資産の逃避先として改めて注目を集めているといえるでしょう。

33

アメリカ、中国、ロシアなどの動向はどう影響する？

アメリカ、中国、ロシアといった大国の動向は、金の価格に非常に大きな影響を与えます。これらの国々は金のマーケットにおいても重要なプレイヤーであり、その経済政策、地政学的な動き、そして金融市場での行動が、金市場における需給バランスや投資家の心理に大きく影響します。

アメリカの金融政策

金の価格に最も大きな影響を与える要因の一つは、アメリカの金融政策です。とくに、連邦準備制度理事会（FRB）が利上げを行うと、通常、金の価格は下落する傾向にあります。これは、利上げが行われると米ドルが強化される（米ドルの価値が上がる）ことが多く、投資家は金などの非生産的資産よりも、高利回りを期待できるドル建て

ドル建て金価格と米実質金利

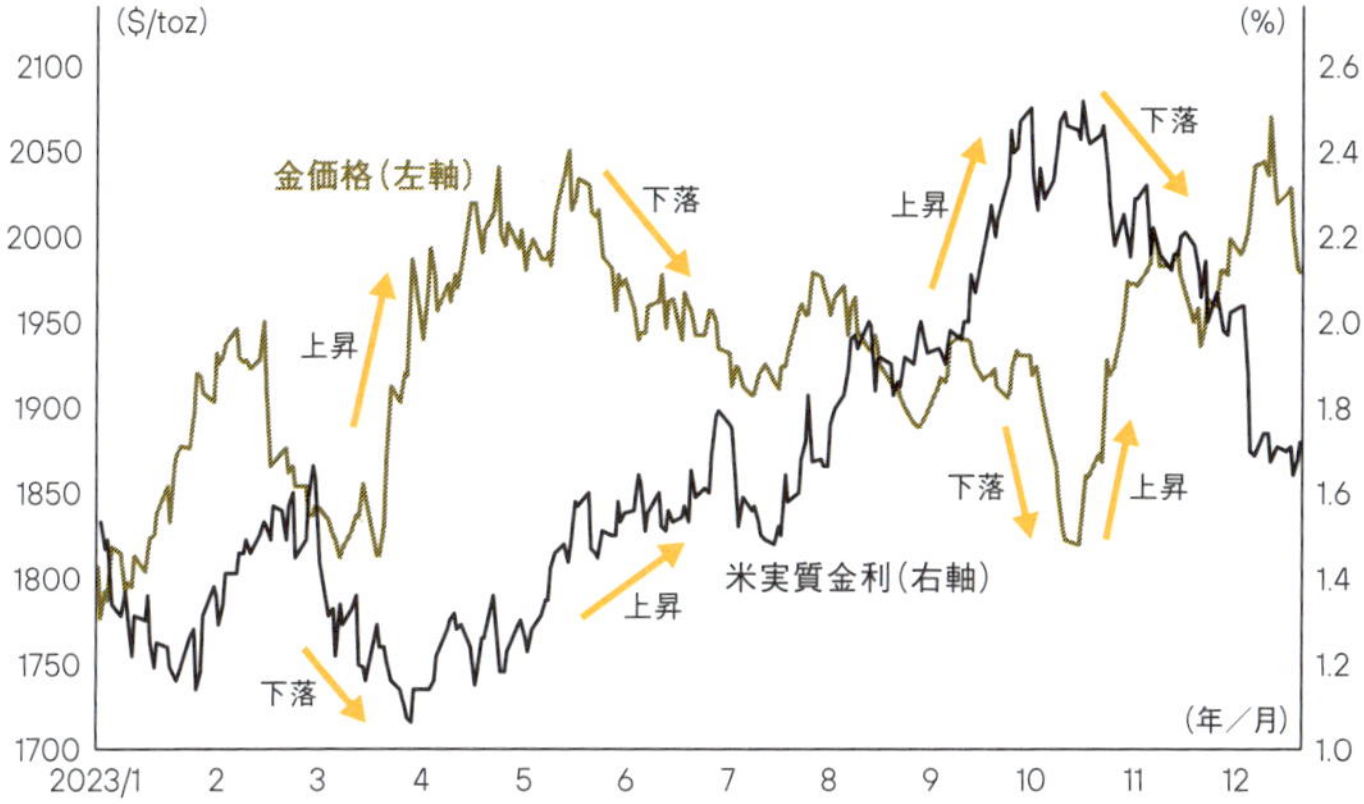

出所：TRADING ECONOMICSのデータをもとにアプレ作成

ドル建ての金価格と米実質金利は反対の動きをする傾向がある

の金融商品に投資する傾向を強めるからです。その結果、金の需要が減少し、価格が下落します。また、金は国際市場で主にドル建てで取引されるため、ドルが強くなると、ほかの通貨を使う投資家にとって金の価格が相対的に高くなります。これにより、ドル以外の通貨を使用する投資家の金購入が減少し、金の需要が減少することで、価格が下落する傾向が強まるのです。

反対に、アメリカの経済不安や政治的な不安定性が高まると、安全資産としての金への需要が増加し、金の価格が上昇する傾向があります。２００８年のリーマン・ショックの際、アメリカの金融危機により、金の価格が急騰したことは前項で見てきたとおりです。

中国・ロシアによる金の大量購入

つぎに、中国とロシアについて見てみましょう。これらの国々は、とくに中央銀行が金を大量に購入することが知られており、その動向が金価格に直接影響します。

たとえば、中国人民銀行は長年にわたり金の保有量を増加させており、これは国際社会における通貨の分散化やドル依存の低減を目指していると考えられます。

ロシアも同様に、とくに2014年に西側諸国からの経済制裁を受けた後、金の購入を増やし、外貨準備の一部として金を使用しています。これらの動きは、金市場における需要を増加させ、金の価格を押し上げる要因となります。

さらに、地政学的リスクも金の価格に影響を与えます。アメリカと中国、またはロシアとの間での緊張が高まると、戦争や大規模な経済制裁の可能性が意識され、それにより金の価格が上昇する傾向があります。歴史的に見ても、たとえば冷戦時代や最近のウクライナ危機においても、地政学的な不安定さが金価格を高騰させる要因となってきました。

中国の金準備推移

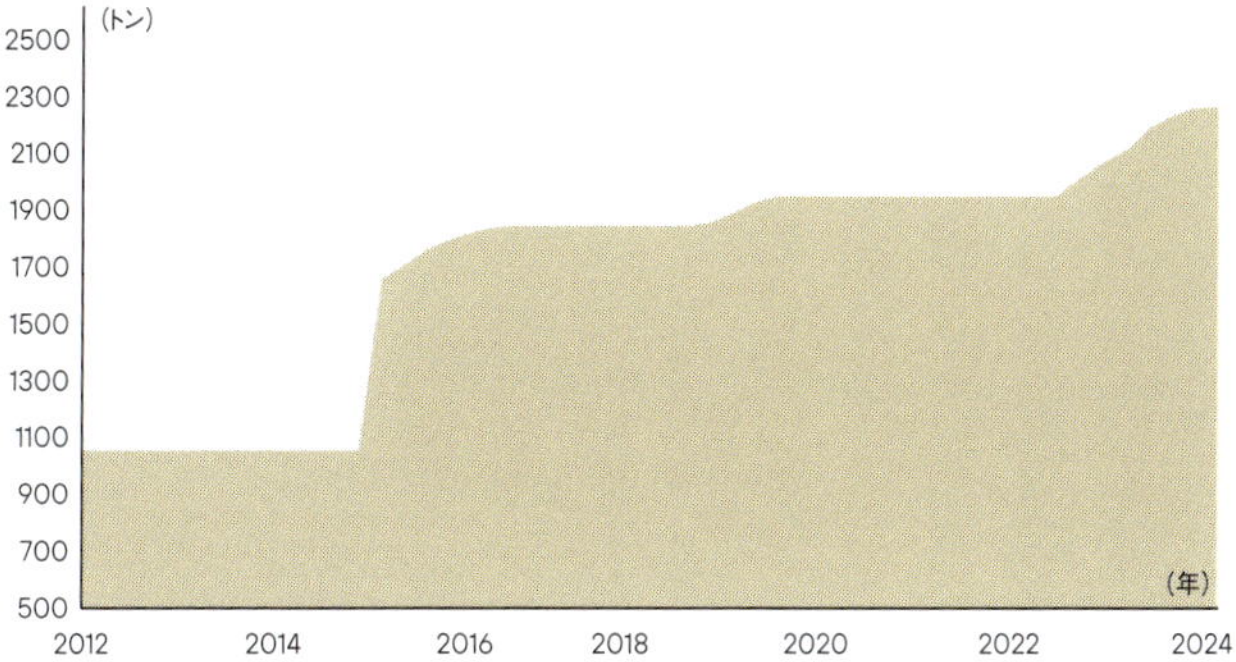

出所：TRADING ECONOMICSのデータをもとにアプレ作成

ロシアの金準備推移

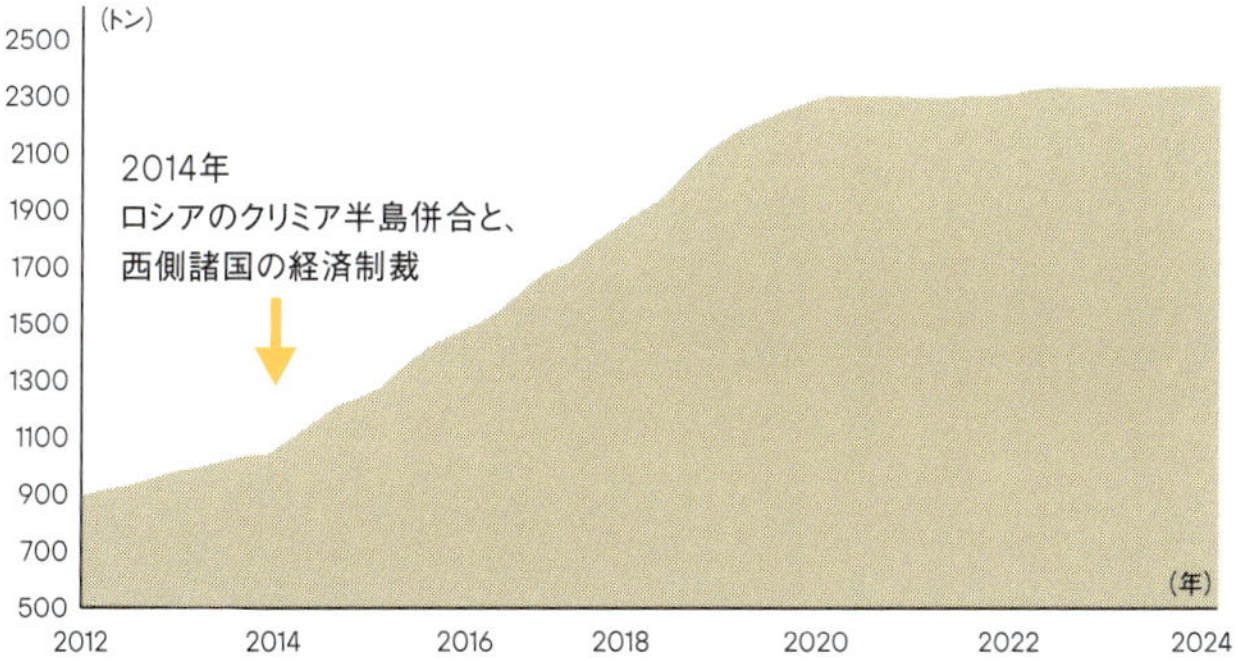

出所：TRADING ECONOMICSのデータをもとにアプレ作成

2014年にロシアがウクライナのクリミア半島を併合したことに対して、アメリカや欧州連合（EU）などの西側諸国はロシアに対する経済制裁を発動した。これにより、ロシアはドルやユーロ建ての資産へのアクセスが制限され、外貨準備の多様化とリスク分散を図るため、金の購入を増やす戦略をとっている。

このように、アメリカ、中国、ロシアといった大国の動向は、金価格に対して直接的かつ間接的な影響を及ぼします。それぞれの国の金融政策や経済戦略、地政学的リスクの変化は、金市場の需給バランスや投資家心理を大きく左右し、価格変動の重要な要因となっています。とくに、これらの動きはグローバル経済や安全資産としての金の位置づけとも密接に関わるため、金価格を理解するうえで無視できない要素です。

34 価格の騰落に一喜一憂しないためには？

本章で見てきた要因により、金の価格は時に大きく変動することがあります。そのような価格変動に一喜一憂せず、冷静に投資を続けるためには、明確な目的設定、リスク管理の手法、長期的視点、そして適切な情報分析が鍵となります。

目的を明確に

まず、**金投資の目的を明確にしましょう。**金に投資する目的が明確であれば、一時的な価格変動に過度に反応することなく、長期的な視点での投資を続けることができます。たとえば本書では、「資産の保全」や「インフレヘッジ」を目的として金に投資することをおすすめしています。こうした目的で投資していれば、短期的な価格の上下に左右される必要はありません。つねに自身のポートフォリオにおける金のバランスや、資産全体としての健全性を意識して、短期的な金価格の変動に慌てず冷静な視点で売買を行うことができます。

長期的な視点を持つ

また、長期的な視点を持つことも非常に重要です。金の価格は短期的には大きく変動することがありますが、歴史的に見ると、その価格は安定した上昇傾向を示しています。そしてその安定した価格の根底には、金そのものの本質的な「価値」があることはすでにご存じのとおりです。**短期的な変動にとらわれず、長期的な目標に集中することで**、金の根源的な信頼と価値を意識した視点を持つことができます。

投資に共通していえること

また、これは金の投資以外の投資においても共通ですが、**適切な情報収集と分析**を怠らないことです。金の価格は、国際的な経済情勢や中央銀行の政策、地政学的リスクなど、さまざまな要因によって影響を受けます。これらの要因を理解し、価格が上下した際にはその原因となっている要因や環境を十分に理解することが重要です。そうすることで一時の感情に流されることなく、理性的な投資判断が可能となります。

さらに少しテクニカルな話をすれば、**価格変動に対するリスク管理の手法**として、定期的な購入を行う「ドルコスト平均法」のような投資手法を採用することも有効です。この方法では、一定の金額を定期的に投資するため、価格が高騰している時にも、逆に低迷している時にも購入を続けることができます。価格の騰落で売買の判断をする必要がなく〝機械的に〟金投資を続けることで、長期的には購入価格を平準化し、大きな損失リスクを軽減できます。

ツタンカーメン王の黄金のマスク

ツタンカーメン王の黄金のマスクは、古代エジプトの宝として世界的に有名です。このマスクは1922年、考古学者ハワード・カーターにより発見されました。紀元前14世紀の新王国時代につくられたもので、重さは約11キログラム、素材には高純度な金が使用され、さらにラピスラズリなどの貴石で美しく装飾されています。このマスクはエジプト文化の象徴であり、ツタンカーメン王の墓に納められていた至宝のなかでも、とくに際立った存在です。

現代の金の市場価格を1グラムあたり約1万4000円と仮定すると、マスクに含まれる金の価値だけでも約1億5400万円に上ります。この計算は、11キログラムの金に基づいた単純な地金としての評価ですが、ツタンカーメン王のマスクの真の価値は、もちろんこの金額だけにとどまりません。高純度な金の美しさもさることながら、マスクには古代エジプトの高度な加工技術と宗教的象徴が反映されており、歴史や文化における意義が非常に大きいのです。

古代エジプトにおいて金は、太陽神ラーとの結びつきから神聖視され、王の権威や神々とのつながりを表す象徴として用いられました。ツタンカーメン王の黄金のマスクもまた、王の威厳を示し、死後の安らぎを願う宗教的意味が込められていると考えられています。さらに、このマスクには古代エジプトの高度な技術が用いられ、金細工や宝石の装飾が完璧に施されています。こうした点から、マスクの評価額は単なる金の価格を超え、200兆円や300兆円といった天文学的な価値があるともいわれています。

つまり、ツタンカーメン王のマスクは、地金としての1億5400万円という単なる素材の価値だけでなく、数百兆円に及ぶ歴史的、文化的価値を備えた無二の存在です。このマスクは、古代の宗教観や技術の粋を集めた芸術作品であり、エジプト文明の象徴ともいえるでしょう。

第7章まとめ

- □国際情勢や地政学的リスクも、金価格を大きく動かす要因となる。
- □政治や経済の不安定化時に、金は「安全資産」として評価される。
- □金融危機や為替政策の影響も、金価格に直結する要素である。
- □経済の不安定期に、投資家はリスク回避の選択肢として金を重要視する。
- □各国の中央銀行は、安定した価値保全手段として金保有を増やしている。

おわりに

本書では、金投資の基本から実践までをご紹介してきました。金は、古来より人類にとって特別な価値を持つ資産であり、現代においても「安全資産」としての評価を保ち続けています。私たちは日々変動する経済のなかで、株式や不動産、債券といったさまざまな資産に投資し、資産形成を図る一方で、金のような普遍的な価値を持つ資産に目を向けることも重要です。

現代社会はテクノロジーや経済のグローバル化によって複雑化し、予測が難しいリスクが増加しています。とくに近年は、地政学的リスクやインフレ圧力の高まりに伴い、金の需要が再び高まっています。これらの状況下では、金が単なる装飾品や伝統的な通貨の代替手段ではなく、資産の保全やリスク分散のための有力な選択肢となります。これからも投資家の間で「価値を保存する手段」として金の役割が再評価されていくでしょう。

本書では、初めて金投資に触れる方々が必要とする基礎知識をくわしく解説し、具体的な購入方法や売却のタイミング、さらにはリスク管理の手法についても触れました。資産運用においては、まず目的を明確にし、自分に適した投資スタイルを見極めることが重要です。短期的な利益にとらわれず、経済の安定が揺らぐ場面に備えるために長期的な視野を持ち続けることが、金投資で成功する鍵です。

また、金は、株式や不動産と異なり、独自の価格変動パターンを持ち、ほかの資産と異なる動きをすることが多いため、ポートフォリオ全体のリスクを分散させる効果も期待できます。市場の不確実性が高まるなかで、金が「保険」としての機能を果たすことにより、資産全体の安定性を高めることができるのです。金を含むポートフォリオは、変動する経済のなかで安定性と安心を提供してくれるでしょう。

最後に、本書がみなさまの金投資に対する理解を深め、実際の資産運用に役立つ一冊となれば幸いです。金の魅力はその価値だけでなく、歴史的な信頼と文化的な意義も兼ね備えています。金はただの資産ではなく、時代を超えて私たちに安全と安定をもたらしてきた存在です。その持続的な価値を理解し、自らの資産ポートフォリオにおいてどのように活用するかを考えることは、今後の投資活動において大きな意味を持つでしょう。

本書を通じて、金投資の基本を理解してこそ、投資の本質が見えてくると思い執筆いたしましたが、まだまだ金の世界は思ったより奥深く興味が尽きないものになりました。

本書の執筆にあたり、プロジェクトメンバーでリーダーの大野和希さんをはじめ、大井光宏さん、壁島勇人さん、メンバーのみなさま、出版までご支援いただいた日本実業出版社のみなさまに心よりお礼申し上げます。

そしてなにより、最後まで本書をお読みいただいた読者のみなさまに心よりお礼申し上げます。みなさまが金に魅力を見いだし、将来の価値につながる世界を少しでも多く見いだしてくれるとうれしいです。

2024年12月

菊地温以

さ

さくいん

アルファベット

あ

か

菊地温以（きくち　あつゆき）
株式会社アプレ代表取締役。1976年生まれ。高校卒業後、中華料理人からエンジニアへと異色のキャリアを積み、2000年に中央電力（現レジル）に入社、電力最適化測定の特許や日本初のマンション一括受電事業立ち上げを率先。後に取締役就任。2008年からは複数の企業を立ち上げ、M&Aを多く手がける。2019年にアプレをMBO後、特に金やプラチナの精錬、製造、再利用プロセスを高度化し、サステナビリティの視点からも金リサイクルの可能性拡大に尽力。会社経営の傍ら投資家としても活動し、金を活用した独自のポートフォリオ戦略を確立している。

最強《さいきょう》のポートフォリオをつくる金投資入門《きんとうしにゅうもん》

2024年12月20日　初版発行
2025年4月1日　第2刷発行

著　者　菊地温以 ©A.Kikuchi 2024
発行者　杉本淳一

発行所　株式会社日本実業出版社　東京都新宿区市谷本村町3－29 〒162-0845
編集部　☎03-3268-5651
営業部　☎03-3268-5161　振　替　00170－1－25349
https://www.njg.co.jp/

印刷／厚徳社　製本／共栄社

ISBN 978-4-534-06157-7　Printed in JAPAN